旅路

【聞書】岩元則之物語

島村史孝 著

花乱社

父母の故郷の桜島で（令和５年11月）

鹿児島商業高校の同窓会「鹿商紫雲会」の総会に
集った一同（鹿児島東急イン。平成19年５月）

さつま無双の慰安旅
行で中国上海市を訪
ねる（平成22年）

さつま無双で働
く皆さんと台湾
旅行(平成24年)

14代沈壽官さん(中央)を
訪ねて写真に納まる冴子
(左隣。平成４年10月)

孫の麗之を抱く冴子
(平成５年１月)

次男・雅志と妻の美津代
さんの「ハワイの休日」
(平成12年５月)

長男・貴之一家と団ら
んのひととき（ハワイ
にて。平成14年12月）

冴子、麗之と仙巌園に
初詣に行く（平成24年）

妻・冴子の７回忌法要に集った家族（令和５年12月）

はじめに——時代の空気を吸い、鹿児島の地に生きる

岩元則之

私は昭和八（一九三三）年に生を受け、令和五（二〇二三）年十月一日に満九十歳の卒寿を迎えました。昭和八年といえば日本が国際連盟から脱退した年です。その後の歴史を考えれば、やがて始まる戦争を国民に予感させるものがあった時期かもしれません。そんな時代の空気の中で私は物心つき、戦時下にあっては硝煙のにおいをかぎ、敗戦後は焼け跡の闇市を行き来する少年期を送りました。

父親は戦時中に亡くなりました。私は長男でしたから、母や弟妹たちを守り、暮らしを立てる責任がかかってきました。女手一つで子どもたちを育てる母への感謝の念を胸に抱き、十八歳で学業を終えると鹿児島興業銀行に入行します。内（家庭）にあっては一家の

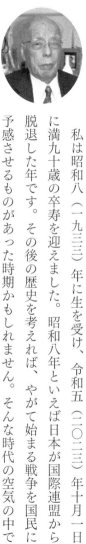

大黒柱であり、外（社会）にあっては焦土と化した鹿児島の戦後復興に関わる金融マン人生のスタートです。以来七十有余年。激しく変動を重ねた日本の「戦後史」を経済の世界で歩み通してきました。

近年、私を知る近しい人から「岩元則之物語」を残しておいてはどうかという声をいただくようになりました。書くにしろ語るにしろ、自身の人生を物語化することには心もとない思いもありましたが、一つの時代を懸命に生きた仕事人の歩みを記録することに意味があるのであればと発起し、まとめたのが『旅路』です。私を育んでくれた風土や先人への思いにも触れ、また同人などからの執筆もいただきました。お読みくだされば幸いです。

岩元則之さんの『旅路』出版に寄せて
——銀行員としても一流、経営者としても一流

城山観光株式会社
代表取締役会長　**東　清三郎**

私が岩元則之さんと出会ったのは鹿児島銀行に入行して五年目の昭和五十五年です。宇宿《うすき》支店勤務だった私はその年八月の定期人事異動で本店営業部に異動になりますが、当時の営業部長代理が岩元さんでした。部長、次長、部長代理、各課長といて、私は預金課に配属になります。部長は営業畑でたたき上げの平田武雄という方で、営業には厳しく、毎朝七時半からミーティングでした。そこでは部長代理が、つまり岩元さんが各課から上がってきた日報（前日の営業成績）を整理して発表され、続いて平田部長が「今日はどういうことをするんだ」と各課長に朝からハッパを掛けられる。そんな具合でした。日報の整理といっても、まだパソコンなどはなく、紙の時代で手作業だったから大変だったと思います。

平田さんは飲み会が好きで、夕方六時ごろになると、なじみの食堂に課長連中を連れて行って飲み会をされました。「だいやめ」です。それがほとんど毎日で、九時とか十時まで続くんです。岩元さんは昼間は昼間で、営業成績をどう上げるかという部長代理としての役目があり、夜は夜で、お酒が苦手というのによく部長のお相手をされるなぁ、大変だなぁと見ていたものです。家には寝に帰るぐらいだったでしょう。そんな感じで部長代理の職責を務めておられた。エネルギッシュで、バイタリティーにあふれた岩元さんでした。

その後、岩元さんは融資部次長に上がられ、私も営業部融資課に移ります。その最初のころですが、私が仕事の優先順位に戸惑い、段取りを自分で決められず、処理を放置していた融資案件がありました。すると融資を申し込まれたお客さんから岩元さんに直接苦情が行き、このときばかりは岩元さんから「なにしてるんだ！」とひどく怒られました。この一件でも分かるように、岩元さんはお客さんとのパイプが太かったのです。中には厄介なお客もおられ、支店で対応できない方が本店にこられることがある。そんなときは岩元さんが窓口でさばいておられたけど、その人柄でうまく処理されていました。

今も語り継がれているのは、バブルの絶頂期で地価が暴騰していたころ、岩元さんが「実態を伴わない投機性の融資はするな」とよく言われていたことです。東京支店や大阪支店からはそれに反対して、やいのやいのと言ってきていましたが、岩元さんは断じて貫かれました。バブルがはじけた後、鹿児島銀行がバブルの後遺症と無縁だったのは岩元さんのおかげです。先見性があり、銀行の発展に寄与されたのだなと思います。ほとんど転勤することなく、本店と本部での勤務だったのは、それだけ、なくてはならない方だったわけです。

あやふやなことはおっしゃらない。イエスかノーか、はっきりしておられる。上司としての岩元さんは「節度を持った上司」で、仕事には厳しかったけど、優しいところもありました。怒るときは烈火のごとく、でしたが、パッと終わられ、気分転換される。頭の回転の速い方です。人の悪口は言わない。人格があられます。

行内業務では「働き方改革」を先導されました。銀行は月末の資金決済で稟議書が集中し、営業店を含めて大変忙しくなる。そこで仕事を分散化しなさいということになり、業務を見直し、月末に偏っていたのを平準化することができました。今でいう働き方改革です。仕事は常に現場主義、顧客志向でやっておられた。本店や本部にいると、ややもすれば銀行の考えをお客さんに押し付けがちになるのを、「顧客本位でやるように」と言われていました。

行員とのコミュニケーションもよくとっておられ、忘年会のときなど、担当チームの人たちを桜島温泉に一泊旅行で連れて行かれてましたね。お酒は好まれないながら、つき合いは良い方で、私もしょっちゅう飲み会に誘ってもらいました。ゴルフ会や飲み会の帰りとかに「家に寄りなさい」と言われて、ついていくと、いつでも奥さんが「上がりなさい、さあ上がりなさい」と朗らかに迎えられ、手料理を振る舞ってくださいました。

平成元年に岩元さんは取締役になり、営業統括部長に就任されました。ところが二年足らずで取締役を退任し、鹿児島銀行の関連企業である鹿児島共同倉庫に社長として行かれることになります。銀行でもっと上の方に行かれるとみんな思っていたので、「エーッ！」と思いました。「立て直しに行かないといけない」と言われましたが、不本意だったろうと思います。悔しかったろうと思います。寂しそうでした。「みんなでにぎやかに壮行会をしましょうよ」と私が幹事になって呼びかけると、一緒に働いた百人ほどが集まって盛大な壮行会になりました。

鹿児島共同倉庫は地域に根差した企業で、畜産農家に飼料を提供するなど鹿児島の物流の要でした。しかし、岩元さんが行かれたころは既存事業がうまくいっておらず、新しい事業を立ち上げなくてはならない時期でした。そのころ志布志のサイロ建設の話があり、岩元さんが手際よく設備投資を進めて実現されたことで、今の事業の形もできています。また、当時珍しかったＮＴＴのドコモ事業に手を付けて鹿児島のＰＨＳのマーケットを掘り起こし、儲かってしょうがないという状況を作って倉庫事業の収益源にされました。

トランクルームを増設するなどの取り組みで共同倉庫を見る見るうちに立て直された岩元さんには「すごい人だなぁ」と思ったものです。次に経営を委ねられた「さつま無双」も再生されました。二つの民間企業を立て直されたのは特筆されます。私は鹿児島銀行の常務を経て城山観光社長を務め、今は会長の職にありますが、社長時代に城山観光ホテル（現在の「SHIROYAMA HOTEL kagoshima」）の運営について有識者などの助言をいただく「ないでんかいでん委員会」を立ち上げた際、岩元さんにお願いして第一回委員会の委員長を二年間やっていただきました。

岩元さんとのお付き合いは銀行時代が二十年で、共同倉庫に行かれた後も今日までずっと交流が続いています。びっくりしたのは、岩元さんが銀行を卒業してから車の運転免許を取られたことです。最初のころ、けっこうこすったりしていましたが、車があると仕事に便利だからと言われていました。「銀行員としても一流、経営者としても一流」――。それが岩元則之さんです。

目次

＊＊＊

第三章　新しい日本の夜明け……61

第四章　時代と共に歩む銀行……85

第五章　変動する日本経済……105

第一章 生い立ちの記

母校の福岡市警固小学校。5年生まで通った

火山の島を飛び出した父の人生

私の父と母は桜島の人でした。東桜島村古里《ふるさと》（現鹿児島市）がふたりの生地です。明治三十五（一九〇二）年生まれの父は重之といい、九歳年下の母はフクエといいました。今は廃校になっている改新小学校を卒業しています。父は七人きょうだい（男四人、女三人）の長子。生家は明治維新の際に払い下げを受けたという土地で農業を営んでいましたから、いわゆる農家の長男でした。

活火山の桜島岳（北岳、中岳、南岳）に象徴される桜島は、鹿児島湾（錦江湾）の波音が聞こえる海辺に集落が点在しています。ひとたび大規模な噴火が起こると、山体から流れ出た溶岩が家々をのみ込んで湾に没する地勢です。溶岩流の直撃を免れたとしても、多量の噴石や降灰の被害にさらされます。

火山活動に伴って誕生した島の成り立ちから、地形は急峻で、耕作できる土地は限られています。火山噴出物に覆われた土壌で稲作には向かず、水田はありません。農家は斜面に狭い畑を開き、麦やカライモ（甘藷）、その他雑穀を生産してきました。明治期の県の農事調査には「桜島の農民の生活はすこぶる困難である」と記されています。それでも桜島は農業しかありませんでした。

溶岩がうずたかく積もった桜島の台地。背景は桜島岳と噴煙

父の実家も同様で、祖父母の時代は麦・カライモを主要作物に、桜島大根・小ミカン・ビワなどを作っていたように思います。桜島大根は「世界一大きい」と言われ、小ミカンは「日本一小さくてうまい」と珍重がられ、ビワもおいしいと人気があって生産が盛んだったようです。日当たりに恵まれた地形ゆえでしょうか。

小ミカンが導入された時期や導入先については諸説あるようですが、江戸中期の安永八（一七七九）年に始まる安永大噴火の際にミカン二万一五〇〇本が枯死したという記録が残っています。農家の収入を支える産物だったろうと思われます。

少し古い資料（江戸後期）には桜島の特産品として葛粉・煙草・甘藷・ダイダイ・スイカが挙げられています。一部は商品作物として対岸の鹿児島に出していた農家もあったでしょう。

特産の一つに挙げられた葛粉について、『桜島町郷土誌』は「葛粉の採取は多大な労力の割に少量しか得られないものであり、その生産量が多いとなると、そのために費やされた労力はいかばかりだろうか」と述べています。

私も後年、農作業を手伝った時期があります。家族ぐるみの重労働でした。男は背負い具の「かれこ」をからい、女の人は頭にのせて、肥料から何から全部担いで運ぶわけです。大切な水の確保のため、雨水タンクや女性の頭上運搬も考え出されました。生産性がどうのこうのというようなものではありませんでした。

そんな現実を見て育った父は「とてもじゃないが農業では飯が食えない」と思ったのでしょう。農業は継がず、逓信官吏練習所に入ります。

逓信官吏練習所は郵便・通信・運輸を管轄する逓信省の職員養成機関です。文部大臣の主管に属さない学校でした。官費で旧制専門学校レベルの教育が受けられるので「貧者の高等教育の側面を持つ」といわれ、入学倍率は二十倍を超える難関だったようです。五十倍を超えた年もあったといいます。

特別な技能教育を受けた逓信官吏練習所の卒業生の多くは逓信省・郵政省・日本電信電話公社に入って活躍し、幹部職員の道を歩いています。父も普通科と高等科を卒業して逓信省の官吏になりました。その父が福岡に勤務していた三十一歳のときに私が生まれています。

小学校生活の思い出は軍事教練

福岡の家は現在の福岡市中央区薬院大通に近い「浦谷十軒屋」という所にありました。今は地名として残っていないようです。別荘地のような雰囲気のある小高い丘の上で、家の隣は大きな孟宗竹の林という環境でした。

父母はここで五人の子に恵まれました。長男の私、次男の恒一、長女の侑子、三男の修、四男の博人です。このうち修は二歳のときに亡くなりました。昭和十八（一九四三）年の春です。両親はつらかったろうと思います。小学生だった私は修の子守をさせられていました。二歳といえば言葉もそろそろのころですが、私は年中おんぶして子守していたことしか思い出せません。

そんな悲しいこともありましたが、人の出入りのにぎやかな家庭で、家族を含めて常時十人前後が寝泊まりしていました。

というのは、昔は田舎から都会に出て生活に余裕ができると、親きょうだいを引き取って面倒を見たものです。わが家も、父のきょうだい、母のきょうだい、祖父母などが入れ代わり立ち代わり来ていました。そこから育った親戚の子たちもいます。今考えると母は大変だったと思いますが、そんな時代でしたし、自分が不自由をしても人のためにしてあげるという人でもありました。

母は旧制鶴嶺女学校を卒業しています。桜島出身者のなかでは高学歴で、インテリでした。それに今でいう「教育ママ」でしたね。勉強しなさいと叱咤するわけではないですが、子どもが学びたいと思ったことには背中を押すという感じ。私も小学校二〜三年のころは個人教授の塾に行かされたものです。

父はそのころ電話局の加入課長をしていました。電話機の普及を図る仕事です。まだ町内会に電話のある家は一軒か二軒しかなかったと思います。私の家にはあったので、近所の方がよく借りにみえていました。

父の職場で電話交換の仕事をしている若い女性職員たちも家に遊びに来て、ご飯を食べて帰っていました。電話交換手は当時の花形職業でしたよ。終戦直後のバスガールとか、高度成長期のスチュワーデスをイメージしてもらったらいいでしょうか。

そのころの家族の思い出には、父の仕事が休みの日、太宰府天満宮や筥崎宮に連れて行ってもらったことがあります。学問の神様の菅原道真公を祭る太宰府天満宮には梅の季節によく行きました。梅の花の香りも印象にありますが、名物の梅ヶ枝餅を食べるのが楽しみでしたね。家は海が近かったので、夏になるとみんなで海水浴にも行ったし、姪浜の海岸で貝掘りをしたのも楽しい思い出です。シジミがたくさんとれました。

参詣の人でにぎわう太宰府天満宮。家族で訪ねた思い出がある

スクリーンに映った桜島の迫力

昭和十五（一九四〇）年四月、私は福岡市の中心部にある警固小学校に入学します。家から学校までは歩いて二十分ほどの距

離だったでしょうか。学校は今も同じ場所にあります。翌十六年十二月、太平洋戦争が始まりました。それからはずっと戦時体制です。だから小学校時代の記憶にあるのは戦争のことだけ。「欲しがりません、勝つまでは」「鬼畜米英」といった標語を全部覚えさせられました。日本が勝つことを信じ、どこの神社の前でも最敬礼をしたものです。

一番印象に残っているのは軍事教練です。四年生になると、略称「サンパチ銃」といって、明治時代の古い型の三八式歩兵銃を持たされます。その先端部に銃剣を装着し、わら人形を突く訓練をやる。五〇メートルほど先にわら人形が立てられ、銃を抱えて走り、突くわけです。ところがこの銃が重いんですよ。よたよたしながら人形にたどり着く。そんな具合で大変でした。

そのころの子どもたちの夢は偉い軍人になることでした。「陸軍大臣か海軍大臣になりたい」と言ったり、なにかのときに書いたりもしました。そういう教育をしていましたからね。だから、みんな海軍兵学校や陸軍幼年学校にあこがれたものです。そんな思いがあるのにサンパチ銃訓練でへたり込み、つい「こんなんじゃあ、兵隊さんになれないな」と情けなくなりました。

昭和十八（一九四三）年に松竹映画の「海軍」（田坂具隆監督）が海軍省後援で製作されま

した。太平洋戦争の開戦を告げた日本海軍のハワイ真珠湾攻撃で、特殊潜航艇に搭乗して突撃死した軍人の人生を、国家観・家族観・友情を絡めて描いています。映画の主人公「谷真人」は鹿児島市出身の海軍少佐・横山正治がモデルです。この映画を学校から二度も全校児童で見に行きました。

特殊潜航艇は特攻隊です。二人乗りで五隻、合わせて十人出撃しています。ところが当時の新聞は突撃隊員を「九軍神」と報じていました。どうして十人ではないのだろうと不思議に思いましたが、一隻は座礁し、一人は死亡、一人は酸欠による失神状態で海岸に漂着したところを米軍に発見され、捕虜になっていたのです。海軍は捕虜になった隊員のことを伏せたので「九軍神」となったようです。

大戦果をあげた軍神をたたえる提灯行列が各地で大々的に行われました。後に私の妻になる冴子は、鹿児島市の八幡小学校の五年生のときで、日章旗を手に掲げて全校児童の先頭に立ち、横山少佐の家にごあいさつに行ったそうです。「新聞にでかでかと載った」と話していました。

映画の「海軍」で印象的だったのはスクリーンに映った桜島の映像でした。主人公の谷真人（つまり横山正治少佐）が鹿児島の風景のなかに登場します。その画面に桜島がドーンと出てくるわけです。私はそれまで時々母に連れられて古里に帰っていましたから、雄大な山容の桜島を知っていました。そんなことで、とても印象に残っています。

　その戦争の渦中にあった昭和十九（一九四四）年十二月十九日、父重之が急性肺炎で亡くなりました。具合が悪いというので病院に入院して五日目です。まだ四十二歳でした。私はただ茫然としていた記憶しかありません。それまで何不自由なく暮らしていた私たち家族でしたが、大黒柱をなくしてすべては一変します。喪に服して年を越すと福岡を引き払い、父母の故郷の桜島に帰りました。

城山の展望所から望む桜島。雄大な山容は訪れた人の感動を誘う

「烟はうすし」と志士は詠んだ

ここで桜島の噴煙と幕末の志士にまつわる話をしておきましょう。

福岡の桜の名所として昔から知られる西公園の近くに平野神社があります。祭神は平野國臣。三十七歳で没した幕末の志士です。年譜を追うと、次のような人生でした――

文政十一（一八二八）年　福岡藩武術師範の次男として生まれる。

弘化二（一八四五）年　十八歳。福岡藩に仕官。江戸藩邸に赴任する。

嘉永五（一八五二）年　二十五歳。異国船が近海に頻繁に出没し、日本が世界情勢の脅威にさらされているのを知る。鎖国のほころびに反応して学問を志す。

嘉永六（一八五三）年　二十六歳。二度目の江戸赴任。この年六月、浦賀にペリー艦隊が来航。

安政二（一八五五）年　二十八歳。福岡藩長崎警備派遣。欧米列強の文明の進歩を悟り、日本植民地化の意図を読み取る。長崎から帰国後、藩士を辞す。

安政三（一八五六）年　二十九歳。行政の指導者としてあるべき姿を述べた論文「対策草稿」を著す。米国は下田に駐日領事館を設置。ハリスが総領事として着任する。

安政四（一八五七）年　三十歳。日本の将来を見据え、封建制を終わらせる「倒幕論」を確立。世界情勢に対応するには幕府滅亡・国家統一が必要と説く。

安政五（一八五八）年　三十一歳。脱藩上京。幕府は開国路線に反対する勢力を弾圧（安

平野國臣の銅像写真（平野神社提供）。銅像は太平洋戦争に供出された

政の大獄）。追われた尊王攘夷派の僧月照（清水寺成就院）は京都から博多に脱出。國臣は月照に同行して薩摩に入るが、追跡方が迫り、月照と親交のあった西郷隆盛と連れ立って屋形船で日向《ひゅうが》へ。その途次、月照と西郷が抱き合って鹿児島湾に身を投じる。同年七月、薩摩の名君島津斉彬が病没しており、西郷は藩の前途に絶望していた。厳寒の霜月。國臣たちが海中の二人を救助し、西郷は蘇生したが、月照は蘇生せず逝く。

安政七／万延元（一八六〇）年　三十三歳。時の大老井伊直弼が江戸城桜田門外で暗殺される（桜田門外の変）。水戸藩からの脱藩者十七人と薩摩藩士一人が、「安政の大獄」などの弾圧政策を憎んで襲った。事件を予感した内容の「上書」を福岡藩主に提出していた國臣は、嫌疑を受けて潜伏。「幕府滅亡・国家統一」を訴えるため薩摩に入るが、幕政参加を目指していた薩摩藩に受け入れられず、引き返す。

文久二（一八六二）年　三十五歳。福岡藩主が参勤途上の伏見《ふしみ》で島津久光と面談予定という情報を得た國臣は、明石で藩主の行列を阻止。行列と福岡に戻る途中で拘束され、福岡の獄に収監される。

文久三（一八六三）年　三十六歳。「平野國臣の禁固を解く」という朝廷の意向が福岡藩主に伝えられる。三月二十九日、「出獄の命」下る。

出獄後、朝廷内の攘夷急進派が公武合体派に追放された「八月十八日の変」で挫折。十月に但馬国生野《たじまのくにいくの》（兵庫県）で挙兵した「生野の変」で捕まり、京都へ護送される――

桜島を遠くに望む日置市伊集院町の丘に立つ「我胸の燃ゆる思ひに…」の歌碑

日本の進路がかかった幕末の激動期を「幕府滅亡・国家統一」の信念に生きた平野國臣は、長州藩と幕府軍が戦った元治元（一八六四）年の「禁門の変」で京都が炎上した七月二十日、六角獄舎で処刑されました。

辞世の「憂国十年／東走西馳／成否在天／魂魄帰地」（統一国家、成るか否か、今は天に在り……）が残っています。

大正四（一九一五）年、平野國臣の銅像が西公園に建立されました。銅像は太平洋戦争に供出されますが、没後百年にあたる昭和三十九（一九六四）年の「平野國臣百年祭」で再建されます。

この間、昭和二十七（一九五二）年に宗教法人平野神社が創建されています。

國臣は万延元（一八六〇）年十月、国家統一を薩摩藩に訴えたいと再度薩摩入りを図った際、伊集院で足止めをくい、小高い丘の上から遙かに望んだ桜島を歌に詠みました。「我胸の燃ゆる思ひにくらぶれば烟はうすし桜島山」。思いを果たせず、無念の胸中が詠まれています。この歌に感動を覚える人は多く、西公園や伊集院などゆかりの地に立つ歌碑はこの歌で作られています。

火石飛び、溶岩が流れ、灰が降る

さて、その桜島です。古里の暮らしの前に、火山の話から――

桜島は姶良《あいら》カルデラの南縁にできた成層火山です。鹿児島湾を中心とする姶良カルデラは今から約二万四千〜二万五千年前の巨大噴火でできたといわれています。活動休止期間を挟み、約一万二千年前に始まる活動で隆起して出現した火山島、それが桜島です。北岳・中岳・南岳の三峰と、権現山《ごんげん》・鍋山《なべやま》・引ノ平《ひきひら》などの側火山から成っています。

初期に活動したのは北岳火山です。噴火を重ねることで溶岩や火砕流物質が堆積し、成層火山が形成されました。約五千年前に北岳が活動を停止すると、その後は南岳の活動に移っています。マグマ噴火で中岳が誕生するのはずっと後です。文献的記録が残る山頂噴火は南岳に限られますが、山腹や海底からの噴火も起きました。

古里の丘に立つ。火山とともに生きてきた集落がある

桜島の火山活動と地形の関係について『桜島町郷土誌』に次の記述があります。

「桜島火山は中腹以上の急傾斜の部分が、主に火砕物の固結していない累積によってできているので、侵蝕をうけやすい。山腹にいったん細い谷（雨裂）ができると、大雨のために谷は深く削られ、また谷頭が上方へのびる。そして大量の土砂を土砂流として流し出し、山麓の緩斜面に堆積させて扇状地を形成する」

史料に見る主な噴火の記録を拾ってみます。

▼文明三（一四七一）年〜八（一四七六）年　北岳北東山腹と南岳南西山腹でマグマ噴火。溶岩流出・噴石・降灰で死者多数。

▼文明十（一四七八）年　降灰により福山の原野四里は砂漠にな

る。
▼安永八（一七七九）年〜天明二（一七八二）年　安永大噴火。噴煙は江戸にまで達している。
▼大正三（一九一四）年一月十二日　大正大噴火。大量の溶岩が噴出し、瀬戸海峡を埋め尽くす。噴火とあわせ、十二日夕にマグニチュード7・1の強震が発生。地震・噴火による死者五十八人、負傷者一一二人。
▼昭和二十一（一九四六）年一月〜十一月　昭和噴火。昭和火口から流れ出た溶岩が山麓で東北と南に分流。山林焼失と農作物被害。死者一人。
▼昭和三十（一九五五）年十月十三日　南岳旧噴火口から灰を含んだ噴煙を多量に噴出。噴煙は五千メートルにまで達した。
▼昭和三十五（一九六〇）年一月十九日　引ノ平頂上に牛身大の火山弾（約五トン）。火口から二・五キロメートルの東桜島と古里東では人頭大以上の噴石が多数落下。
▼昭和三十八（一九六三）年十一月六日　南岳三合目まで巨大な噴石が多量に落下。山火事が続発。
▼昭和四十七（一九七二）年十月二十一日　火口から二・五キロメートルの古里の畑に巨

大噴石が落下。直径四メートルほどの大穴があちこちで見られた。
▼昭和五十四(一九七九)年十一月十日　南岳の爆発で大量の降灰。古里と有村方面では厚さ二~五センチに達した。
▼昭和六十(一九八五)年八月十一日　雨混じりの灰により、鹿児島市吉野町、鹿児島郡吉田町などで約六五〇〇戸が停電した。
▼昭和六十(一九八五)年　この年、爆発回数・四七四回と一平方メートル当たり一五キロの降灰。観測史上最高。
▼昭和六十一(一九八六)年十一月二十三日　南岳山頂が噴火。直径二メートル、重さ五トンの噴石が古里のホテルを直撃。
▼昭和六十三(一九八八)年一月三十日　爆発に伴う空振で山麓のホテルなどの窓ガラス三十五枚が破損する。
▼同六月十六日　この日、一日の降灰が一平方メートル当たり二六七一グラム。観測史上最高。

昭和二十一年の噴火は私が改新小学校六年のときでした。溶岩が流れているというので見に行くと、なるほど真っ赤な溶岩が押し出されるような感じでゴロゴロ落ちてきている。松の木も燃えていました。今だったら見に行くどころか、すぐ避難ですよね。

はっきり覚えているのは溶岩の流れる速度がとても遅かったことです。流れの向きは古里の東の有村方面でしたが、一時間に一メートルとか二メートルしか流れない。上を見ると火口から噴き上げた猛烈な噴煙が鹿児島の空を覆っていました。七十八年前の光景が今もまぶたに焼き付いています。

昭和三十年十月十三日の噴火は、『桜島町郷土誌』によると「当日、鹿児島市松原小学校一八一人と、上市来小学校九五人、鹿大生一一人が登山していた。その安否が気づかわれたが、小学生は両校とも全員無事に下山してきた。しかし、大学生一一人は罹災し、死者一人（下山後）、負傷者九人の犠牲者を出した」というものでした。その当時、桜島は晴天の日など登山者でにぎわう山だったのです。

古里のホテルが噴石の被害を受けた昭和六十一年の噴火もまだ生々しい記憶としてあります。発生したのは十一月二十三日午後四時すぎです。この年二〇六回目の爆発でした。爆風とともに噴石や岩片が飛び散り、大きな噴石が火口から約三キロメートルのホテルを襲ったのです。すさまじいエネルギーです。

噴石はホテルの天井とロビーの床を突き破り、直径四メートルの大穴を開けて一階の倉庫に落下しました。ホテル内にいて穴に落ちた支配人など六人が重軽傷を負っています。多人数の宿泊客を迎える前だったから大惨事を免れたという話も伝わり、大きく報道されました。

島民が逃げ惑った大正の大噴火

桜島の活動が初めて記録に出てくるのは奈良時代です。その後は著しい活動の記録はなく、静穏な状態がしばらく続いたと思われます。忘れたころ、大噴火が見舞いました。先の噴火史一覧にもある文明三年〜八年、安永八年、大正三年の噴火です。

その中でも最も大きかったと考えられているのは安永八年の噴火です。一カ月半ほど前から地震が頻発しており、当日朝は井戸水の沸騰や、海水が紫色に変わるなどの前兆現象が見られています。古里と高免《こうめん》を結ぶ線上に火口が生まれ、噴火は猛烈を極めます。溶岩は南側では古里・有村を覆い、北側では園山を越えて海中に流出しました。海底噴火地域では隆起が起こり、複数の小島ができました。

安永大噴火は天明二（一七八二）年まで続き、黒神・瀬戸・脇・有村・古里の各地で死者が出ています。その数は一四〇〇～一五〇〇人といわれますが、一説に約三百人に達したという推定もあるそうです。安永の噴火前、桜島の温泉地は有村でしたが、噴火で流出した「安永溶岩」で有村の温泉は埋まってしまいました。その後、古里に温泉が湧き出します。今の古里温泉です。

大正三年一月十二日の大噴火は南岳の南西側と南東側の山腹で始まりました。前日は地震が多発し、夜半には「汽車がレールの上をきしるような、ものすごい音がした」という証言もあり、島民をおびえさせました。

「動揺した多くの島民は続々避難を始め、噴火の前日には、大部分の住民は島を離れたという。残った島民は薄氷を踏む思いで、不安の中に瞬きもせず一夜を明かし、十二日の夜明けを待って海岸に集まって来た」（『桜島町郷土誌』）

大噴火発生の直前、管内の状況把握に奔走した黒神駐在の巡査は「有村海岸には避難する村人が押し寄せて船を奪い合い、また家財道具を捨てて逃げまどう者、海中へ泳ぎ出す者など、地獄さながらの光景であった」（橋村健一著『桜島大噴火』）と目撃談を残しています。

噴火に伴う噴煙の高さは一万メートルに及び、「天にも届くほど」でした。火口から流出した溶岩は瀬戸・脇・有村の集落を埋め、さらに大隅半島との間の瀬戸海峡（幅三六〇メートル、水深七五メートル）を埋没させて桜島を陸続きにしました。

大正３年の大噴火を今日に
伝える「黒神埋没鳥居」

桜島東部の行政区は当時、東桜島村で、人口は約八千人でした。有村地区に村役場・郵便局・巡査駐在所・尋常高等小学校があり、野尻・湯之《ゆの》・古里・黒神・高免に尋常小学校が設置されていました。軽石と火山灰が降り注いだ黒神地区では神社の鳥居がわずか一日で二メートルも埋まりました。鳥居は「黒神埋没鳥居」として保存され、噴火のすさまじさを今に伝えています。有村から古里にかけては富裕層の別荘がたくさんありましたが、被災したでしょう。

このときの噴火を巡っては次の話が語り継がれています。

――噴火前、東桜島では盛んに地震が起き、海岸に熱湯が湧出するなどの異常現象が確認されていた。村長や施設関係者たちは噴火の前兆ではないかと心配し、鹿児島の測候所に何度も問い合わせを行ったが、噴火はないという答えだった。このため村長は「慌てて避難する必要はない」と村民に伝えたが、間もなく大爆発が起き、とどまっていた村民たちは火山灰や軽石が降り注ぐなかを避難することになった――

村長や収入役などの村幹部は村民に避難を促した後、役場保管の公金を国旗に包み、舟で避難しようとしました。ところが準備していた緊急脱出用の舟がありません。そこで村長たちは公金の包みを船材に結びつけて浮かべ、そろって海に入ると垂水方面へ泳ぎ出します。漂流中、来合わせた瀬戸の漁船が一行を救助しますが、収入役と書記の二人は力尽きて亡くなりました。東桜島村の犠牲者は行方不明を含めて二十五人にのぼっています。

悔恨と教訓を伝える爆発記念碑

桜島の三大噴火の一つであるこの大正大噴火は多量の溶岩を流出させ、東の方では瀬戸・脇・有村を埋め尽くし、西の方では桜島で最も大きな集落だった横山・赤水を埋め尽くしました。家を失い、土地を溶岩に埋没された島民たちは、家族離ればなれになりながら避難先へ向かったといいます。噴火のさなか、当時まだ幼かった少年が、東桜島村から垂水方面へ向かった避難行の記憶をつづった一文があります。

「大人の人たちの話に、子どもたちは爆発で噴きだした雲よりも早く急がないと危ないと聞かされて、道中、学用品の入ったカバンを抱えて、上空ばかり見て急いだので、向こうに着いた時には硯箱や本などは殆《ほとん》ど道に落として、なくなっていました」（『桜島町郷土誌』）

東桜島村役場は溶岩に埋まり、身分登記簿・戸籍簿・出入寄留簿などの書類も焼失しています。役場はその後、湯之に移転し、住民の多くは無償提供された国有地などへ移住しました。

噴火から十年後の大正十三（一九二四）年、村は東桜島小学校（現在の鹿児島市立東桜島小学校）の敷地内に「桜島爆発記念碑」を建立します。

大噴火の教訓が刻まれた「桜島爆発記念碑」（東桜島小学校）

碑文は「大正三年一月十二日、桜島ノ爆発ハ、安永八年以来ノ大惨禍ニシテ、全島猛火ニ包マレ、火石落下シ、降灰天地ヲ覆ヒ、光景惨憺ヲ極メテ、八部落ヲ全滅セシメ、百四十名ノ死傷者ヲ出セリ」（原文）以下、噴火時の村のありさまを述べたうえで、「本島ノ爆発ハ、古来歴史ニ照ラシ後日亦《また》免レザルハ必然ノコトナルベシ。住民ハ理論ニ信頼セズ、異変ヲ認知スル時ハ、未然ニ避難ヲ用意、尤《もっと》モ肝要トシ、平素勤倹産ヲ治メ、何時変災ニ値《あう》モ、路途ニ迷ハザル覚悟ナカルベカラズ。茲《ここ》ニ碑ヲ立テ以テ記念トス」と結んでいます。

桜島は日本有数の活火山です。歴史に照らし、いずれまた爆発を起こすのは必然だから、地震が続くとか温泉の湯が噴き出すなどの異変があったら、すぐ逃げましょう――。桜島爆発記念碑はそう訴えています。

噴火時、鹿児島湾を挟む鹿児島市の状況はどうだったでしょうか。

『桜島町郷土誌』には「爆発の音と共に黒煙がもうもうと桜島に上ると鹿児島市は動揺した。警鐘は鳴り響き、人々は右に左に走り回り、非番巡査は召集され、湾内の汽船は徴発されて、殆んど戦場の巷と化した」とあります。動揺といっても、市民のそれは「彼岸の火事を見るような気持ちで、あるいは海岸に駈け出し、あるいは城山へとかけ登り、このものすごい光景を見物する程度であった」ようです。

しかし、噴煙が強大になり、岩石が飛び交い、爆発音がしばしば響くようになると心もとなく、さらに「毒ガスが山から出て窒息の恐れがある」「津波が押し寄せて来る」といった流言飛語が伝わるなどして、市民の恐怖心が高まりました。

「全市民が動揺混乱を始めたのは主として十二日午後六時二十九分の大烈震が起こってから後のことであった。この烈震が一たび起こると、電灯は消え、石塀は倒れて道路を塞ぎ、煙突の崩壊、家屋の倒壊するものなど、あちこちに死傷者が出始め、七万市民はあわてふためき伊敷あるいは伊集院、市来、串木野方面へと次々に避難し始め、伊敷の国道筋には人馬があふれ、鹿児島、武両駅は空前の混雑を来した」

国鉄は臨時列車を運転しますが、避難者が多く、何度も積み残したようです。

「このような混乱の中にまたもや『高潮は下町を浸し、県庁付近にまで水浸しである』との飛語が伝わったので、市民はまたも動揺し始め、泰然として居残っていた者も城山方面に避難したり、無我夢中になって伊敷方面へ逃げ出すなど、その混雑ぶりは想像以上のものとなった」

こうして鹿児島市内は、家々が戸を閉ざして人影なく、時々見回る軍隊の歩哨と警察官の姿があるだけの、寂しい風景になったといいます。

第二章　硝煙のにおいの記憶

鉄路には母との生活の思い出がある（鹿児島本線）

機銃掃射におびえた戦時下の島

父の死去で、母は私たち子ども四人を伴って東桜島村古里に帰りました。昭和二十（一九四五）年二月のことです。家がなかったので父の実家に半年いたり、母の実家に半年お世話になるというように、行ったり来たりしていましたが、一～二年して母の実家の土地に家を建ててもらい、落ち着きました。桜島一周道路から船着き場へ下りる狭い坂道沿いにあり、今はいとこ家族が住んでいます。

学校は父母も学んだ改新小学校（国民学校）に編入されました。五年の三学期も直に終わるというときで、実質一年間しか行っていません。この年の八月十五日、太平洋戦争が敗戦で終わりました。この間、子どもなりに戦時下の体験をしています。

米軍機による鹿児島空襲が始まるころでしたが、鹿児島湾上空で戦闘機同士の空中戦を目にしたことがあります。日本軍機と米軍機グラマンが二機か三機ずつで撃ち合い、決着がつくと、やられた機が落下する。同時にパラシュートが開き、兵の姿と共に降りてくる。それを子どもの目で見ていました。

パラシュートの落下点が桜島になると分かると、地元の青年団がクワやカマを持って駆けて行きました。落ちて来るのは米軍兵であり、着地したところを捕まえようというのだろうと私たち子どもは思っていました。日本が負けるはずはないと。

私たちが暮らした桜島の家（古里）

ところがパラシュートは全部日本兵のもので、兵士は被弾して絶命していました。落下するところをグラマンが撃つのが見えていたので、とどめを刺されたのでしょう。大人たちが遺体を運んで公民館に寝かしていると、すぐ日本の軍船が来て収容し、引き揚げていきました。そんなことが二～三回あったのを覚えています。

子どもたちは飛来するグラマンに気付くと手近な木に登り、機影の動きに目を凝らしたものでした。やはり戦時の子ですよね。

抑えがたい子どもの好奇心です。グラマンは人影を認めると急降下し、機銃を向けてババババッと撃ってきます。怖かったですよ。桜島でも機銃掃射を受けて亡くなられた人がいたと思います。

自らの戦争体験を小説にした梅崎春生という福岡出身の作家がいます。海軍の通信兵として桜島の基地で終戦を迎えました。その梅崎が昭和二十一（一九四六）年に発表した『桜島』に、桜島勤務時代の危機一髪の体験を書いています。

――ふと、聞き耳を立てた。降るような蟬の鳴声にまじって、微かに爆音に似た音が耳《じ》朶《だ》を打った。林のわきに走り出て、空を仰いだ。しんしんと深碧の光をたたえた大空の一角から、空気を切る、金属性の鋭い音が落ちて来る。黒い点が見えた。見る見る中に大きくなり、飛行機の形となり、まっしぐらに此の方向に翔《かけ》って来るらしかった――

グラマンが迫っていました。「此処を、ねらって来るのではないか」。危険を予感した「私」は林に逃げ込んで走ります。恐怖をそそる爆音が近づき、突然、真上まで来ていたグラマンが足もすくむような激烈な音を立てて機銃を撃ち出しました。

――思わずそこに打ちたおれ、手足を地面に伏せたとたん、飛行機の黒い大きい影が疾風のように地面をかすめ去った――

グラマンにおびえた島の描写です。私のすぐそばに梅崎通信兵もいたということになります。

桜島海軍基地はフェリー発着場のある袴腰《はかまごし》にありました。岩盤を手掘りでくりぬき、網の目状に壕を張り巡らせた造りで、総延長は約六五〇メートルあったといいます。魚雷保管室や動力室を備えていました。跡地の説明板に「アメリカ軍の本土上陸を阻止するために編成された海軍特攻戦隊の一つ、第五特攻戦隊の司令部」とあります。

梅崎の通信隊は佐世保鎮守府や南九州一帯に配備された突撃隊との連絡を行っており、本土決戦に備えた「日本の海防の要」でした。そういう位置に桜島はあったのです。

鹿児島の街は空襲で焦土と化す

日本軍は敗色が濃くなっていたそのころ、爆弾を抱いた飛行機を沖縄海域の米艦船に体当たりさせる特別攻撃（特攻）作戦に乗り出していました。出撃基地は二十を数え、最前線基地となった陸軍の知覧《ちらん》基地からは四三九人、海軍の鹿屋基地からは九〇八人が機と共に出撃しています。二十歳前後の少年航空兵や学徒航空兵が中心でした。

特攻隊員たちの遺書などを
展示する知覧特攻平和会館

知覧基地の近くには陸軍指定食堂の「富屋食堂」があり、出撃が決まった特攻隊員たちはここでくつろいだ時間を過ごしたといいます。食堂を営む鳥濱トメさんは彼らを肉親の父母の身代わりと思って接待し、隊員たちも彼女を母のように慕いました。トメさんを囲んで笑顔を見せている若い隊員たちの写真も残っています。

「血気の青年が幼児のようにやさしく、おばさんに、私の残りの年をあげますから、長生きしてください、と少しも未練がましいところがなかった」

――『知覧町郷土誌』に記録されたトメさんの涙ながらの述懐談です。

知覧基地を飛び立った特攻機は、本土の見納めとなる薩摩半島南端の開聞《かいもん》岳を越えて南へ飛び去りました。

沖縄戦での戦死者を慰霊し、特攻隊員たちの遺品などを収める施設として知覧町（南九州市）に知覧特攻平和会館が開設されたのは昭和六十（一九八五）年です。展示室では、出撃を前に隊員たちが書き残した覚悟の言葉、自分亡き後の父母を案じる思い、婚約者に宛てた最後の手紙などを読むことができます。まだ少年の顔もある隊員たちの遺影に向き合い、言葉もありません。私は来客があると、戦争と平和について考える知覧特攻平和会館に案内することにしています。

特攻作戦が始まるより前、すでに鹿児島は米軍機の空襲に見舞われていました。空襲は昭和十九年十月に奄美諸島で始まり、翌年三月から全県下に及びます。爆弾四四〇〇発と焼夷弾六万発が投下され、死者・行方不明者三八〇〇人、家屋全焼五万七千棟、全壊二二〇〇棟という被害が出ました。

特に被害が大きかったのが鹿児島市です。昭和二十年三月十八日から八月六日まで八次にわたる大空襲で市街地の大半が焼かれました。死者・行方不明者三三〇〇人、負傷者四六〇〇人、その他の被災者十万人と記録されています。

梅崎春生は焦土になった鹿児島の街を目の当たりにしました。彼は終戦直前の二十年七月、それまで勤務していた坊津《ぼうのつ》の基地隊から桜島へ転勤になり、赴任のため県都を通ったのです。その惨状を『桜島』に描いています。

――鹿児島市は、半ば廃墟となっていた。鉄筋混凝土《コンクリート》の建物だけが、外郭だけその形を止め、あとは瓦礫の散乱する巷であった。ところどころこわれた水道の栓が白く水をふき上げていた。電柱がたおれ、電線が低く舗道を這《は》っていた。灰を吹き散らしたような雨が、そこにも落ちていた。廃墟の果てるところに海があった。海の彼方《かなた》に、薄茶色に煙りながら、桜島岳が荒涼としてそそり立った——

四方、視野をさえぎる建物はなく、鹿児島湾まで見通せる焼け野原でした。私が見たままの風景がそこにあります。

敗戦を知ったときは涙が出ました。真珠湾の奇襲攻撃であれだけ大勝利し、大本営発表で「敵艦を撃沈した」「わが方の損害は軽微である」というように勝った話ばかり聞かされていましたから。ところが空襲が始まったわけです。「おかしい」とは思いました。形勢が悪くなっているのかと。それでも最後は勝つと信じていました。だから悔しいというか、本当に負けたのだなあと……。宮城前で泣き崩れる人たちの写真が新聞に載りました。

終戦の翌年ごろから米軍の大型トラックが古里温泉に来ました。兵隊が三十人ぐらい乗っていて、チョコレートやチューインガムをトラックからばらまいていく。それを子どもたちが歓声を上げて追いかける。そんな情景が生まれました。きのうまで「鬼畜米英」「欲しがりません、勝つまでは」と言っていたのは一体何だったのか。日本人の心の様変わりに複雑な思いを抱いたものです。

今、太平洋戦争の激戦地だった硫黄島やサイパン島などは日本からの観光客でにぎわっています。大戦中、それらの島では兵士の玉砕があり、集団自殺がありました。それが観光地化しているなんて、私らには納得できませんけどね。若い人たちには「サイパンだ硫黄島だ」という戦時中の話は、われわれが時代劇を見ているようなものでしょう。感覚的に分からないのだと思います。

平成の天皇は機会あるごとに、サイパン・硫黄島・沖縄など戦跡の地を慰霊に回っておられました。これからも天皇の慰霊の旅は続けられると思います。

「紫雲たなびく桜岳」を仰いで

昭和二十一年春、私は改新小学校を卒業し、鹿児島市の鹿児島商業学校に入学します。明治二十七(一八九四)年に鹿児島簡易商業学校として創立された公教育機関です。旧制の中学校でした。沿革は次の通りです。

〈明治二十七年〉鹿児島簡易商業学校創立(易居町)→〈明治三十七年〉鹿児島市立商業

鹿児島商業高校時代。
詰襟が懐かしい

学校と改称↓〈大正九年〉鹿児島商業学校と改称／下荒田町校舎に移転↓〈昭和十九年〉鹿児島市立工業学校と改称／商業科・工業科を設置／天保山校舎に移転↓〈昭和二十一年〉鹿児島商業学校に復帰／工業科は鹿児島県立鹿児島工業学校に移管↓〈昭和二十三年〉鹿児島市高等学校第三部と改称↓〈昭和二十五年〉鹿児島県鹿児島商業学校と改称／商業科・家庭科を設置↓〈昭和三十一年〉女子商業科・家庭科は鹿児島女子高等学校として分離独立↓〈昭和三十二年〉鹿児島商業高等学校と改称／男子のみの商業高校に復帰↓〈昭和四十六年〉坂元町新校舎へ移転↓〈平成五年〉情報処理科・国際経済科設置

公立の商業高校としては現在、全国で唯一の男子校です。明治－大正－昭和－平成－令和と歴史を重ね、令和六（二〇二四）年に一三〇周年を迎えます。その時々の社会状況により校名や学科構成に変化がありましたが、卒業生は三万人を超え、地域経済のみならず広く社会基盤の形成に貢献してきました。

「礼儀正しく」が校風です。「文武両道」をうたい、部活も活発で、いつの時代もその活躍は世間に話題を提供してきています。体育部門は野球、軟式野球、陸上、サッカー、テニス、バレーボール、バスケットボール、ヨット、ハンドボール、ソフトテニス、卓球、相撲、柔道、バドミントン、弓道、剣道、水泳、応援団があります。文化部門も音楽、美術、書道、ワープロ、簿記会計、情報処理、地域プロデュース、科学、新聞、インターアクト、放送、将棋と充実しています。

校章はサクラの花に「商」の字を組み合わせたデザインです。「士魂商才」を表したものと思われる、と学校紹介にあります。校訓は「誠実・勤労」。校歌は「紫雲たなびく桜岳の麗容／梢の松に仰ぎ見る時／あゝ新生の歓びに／若さは燃ゆる希望の学園（繰り返し）」が一番の歌詞。桜島を仰いで若い希望を燃やすのです。

現在の鹿児島商業高校。校舎に桜の校章。正面に桜島を仰ぐ

私が進学先を鹿児島商業にしたのは、家庭の状況を考えると学費はほとんどもらえないと思ったからでした。母親一人の働きでは家族が食べることすらできない。進学は、私が働くことが前提でした。進学後に学制改革があり、新制高校になった鹿児島商業を卒業するまで通算六年間、東桜島の古里の家から通

学しながら、家計の足しになるようアルバイトばかりしていました。いちずに母親と弟妹を守らにゃいかんという気持ちでした。

米を担ぎ、母と歩いた闇市の道

鹿児島商業の一～二年のころは海水を煮詰める「塩だき」をしました。ドラム缶を切り開いて鍋状にし、そこに海水を入れてたぎらせるのです。できた塩は農家に持って行って米と交換してもらいます。汽車で母とふたり、塩を入れたリュックサックを背負って熊本県の宇土まで行き、農家を一軒一軒回りました。山間部の宇土は塩が作れませんからね。塩一升と米一升の交換でした。

砂糖はなくても生きられますが、塩がないと生きられない。だから農家は私たちを待っていて、一軒当たり二～三升ずつ交換してくれました。母が一斗（十升）、私が一斗。五～六軒回ると塩はなくなったものです。

私たちと同じ体験をした人の話が谷崎潤一郎の小説『台所太平記』に出てきますよ。戦時下の坊津で暮らしている若い女性が静岡の知人に宛てた手紙で「私十二日より熊本に塩を持つて米と交換に行つて居りましたので今日まで失礼いたして居りました何卒お許し下さいませ当地は今熊本や佐賀に米交換に行くのがとても盛です」と伝えている場面です。塩七升を入れたトランクを背負って枕崎駅まで歩いたこと。駅で切符を求めて夜を明かしたこと。翌日行った先で塩一升を米一升に交換してもらったこと。帰りの汽車が復員軍人や米交換の人で混雑したこと。夜九時過ぎに枕崎に戻り、七升の米が入ったトランクを背負って二里半の道を歩き、深夜十二時過ぎに坊津へ帰ったこと——

母と「塩だき」をした古里の海岸

そして「こんなに苦労をしなくちやたべて行けないものかと思ひますが家に帰り着いて真白な白米の米を見ると母の顔も兄の顔もニコニコ顔、今までの苦労もどこかにとんでしまつてよろこんでしまうので御座います」とつづられています。みんながそんな暮らしの時代を生きたんです。「運の悪い人はせつかく苦労して持つて帰つて来ますと米を警察の人に取られてしまひます」というのも、現実でした。

やはり戦時中の話として「不眠不休で塩づくりをし、リュックにつめこんで交換の旅に出かけたものだ。しかし警察の取締りの目はきびしく、乗り換えの伊集院駅が最大の関所で、列車の窓から米をなげすてて、あとでテクテク回収に行くという戦法がとられた。それでも米不足は解消せず、ユリの球根やサツマイモの葉や茎が常食だった」という回顧録が『鹿児島県史』に載っています。

母と私はどうだったかというと、取り締まりが厳しいとき、汽車が鹿児島駅に着く前に窓から米を投げ落とし、打ち合わせていた親戚の人に拾ってもらったことがあります。易居町には闇市の掘っ立て小屋がずらっと並び、仲買の人が大勢いたので、そこで米を現金化して桜島に帰りました。こうして一回の塩売りで家族が一カ月以上、ひもじい思いをせずに暮らすことができました。

石鹸作りのアルバイトもしました。ハゼの実を蒸して作る木蠟のなかにカセイソーダを入れると石鹸になります。それを箱に入れて一個三十円で売って回りました。声をかけると大抵の人が買ってくれました。売れないということはなかったですね。垂水方面へ行ったときは、母が有村の辺りまで来て、私の帰りを待ってくれていました。一人でやっていたので心配だったのでしょう。

石鹸を買ってくれる人には「なんに使ってもいいですよ」と言って渡していましたが、

素人が作った粗悪品です。使うと手が荒れる代物でした。お客さんにしてみれば、それと分かりながらも「中学生の身で、かわいそうに」と同情してくれていたのだと思います。そんなことで、同じ家に二度売りに行くことはできませんでした。

高校二年まで続けた石鹸売りは、県内だけでなく、遠く広島まで行きました。鉄道沿いに熊本―大牟田―戸畑―広島とたどっていきます。商品はそれぞれの駅に「駅留め」で先に送っておいて、順々に回収していく。駅に着くとその荷を背負い、駅周辺を中心に一軒一軒回ります。炭鉱の従業員長屋や鉄工所も訪ねました。

石鹸は結構な収益がありました。そのころのサラリーマンの初任給は手当込みで五千円弱だったでしょうか。石鹸の売り上げはその倍ぐらいありました。他にも福岡の筥崎宮境内で風船売りをしたことがあります。そうやって弟妹の面倒をみることができたのです。母も新聞配達や集金をしていたし、徹夜で針仕事をしていた姿も覚えています。

母が子どもの教育に熱心だったことは話したと思いますが、その母の思いを受け、次男恒一は父親と同じコースを歩きました。国立熊本電気通信学園（全寮制、学費無料）で「トンツー」の技術を修得し、鹿児島電報電話局に職を得ます。それでも「やっぱり学校を出ておきたい」と働きながら鶴丸高校の夜間で学びました。長女侑子は玉龍高校から鹿児島市役所、四男博人は勉強が好きだったのでしょう、ラ・サールから東京大学文1（法学部）を卒業して鹿島建設と、それぞれ学業を終えて社会に出ました。母は肩の荷を下ろしたようだったし、学資支援を続けた私もホッとしました。

汽車で石鹸を売りに行っていたころの思い出に、鹿児島駅のすごい混雑ぶりがあります。中学を卒業して県外に就職する少年少女たちと、その子たちを見送る家族が毎日のようにホームを埋めていました。就職先は大阪や神戸、和歌山、それに製鉄所のあった岩手県の釜石などが多かったと思います。まだ十五歳の子ですからねえ。送るも涙、送られるも涙。特にお母さん方がですねえ……。「蛍の光」のメロディーが流れる中、子どもたちは夕方六時発の夜行列車で旅立っていました。

昭和三十年代、鹿児島の県外就職率は全国でトップでした。中学を出たばかりの子をまとめて安全に送り出す集団就職列車が仕立てられ、第一陣が出発したのは昭和三十一年です。昭和四十九年まで運行され、ホームでの別れの風景が見られました。この間に運んだ少年労働者は一四万五六〇〇人にのぼっています。

古里に建った林芙美子文学碑

昭和三十年ごろまではまだみんな生活をするのが精いっぱいでした。私は下駄を履いて鹿児島商業に通学しました。草履の子もいたように思います。ただ、野球部の生徒たちは違っていましたよ。甲子園に出るような彼らでしたからね。

通学の足は朝六時の船でした。鹿児島湾の波が静かなときは、小さなポンポン船で有村―古里―湯之―赤水を経由し、七時半にボサド桟橋（南ふ頭）に着きます。ボサド桟橋から学校までは歩いて一時間。つごう二時間半です。帰りは午後五時半にボサド桟橋を出る便が最終でした。乗り遅れたら帰れない。そういう通学事情だったので、私には部活ができる時間はありませんでした。

登校した後、台風か何かで海が荒れ、ポンポン船が欠航したことが何度かあります。そのときは北ふ頭から出る当時の西桜島村営船で袴腰に渡り、古里まで二時間余の道のりを歩いて帰ったものです。

私の桜島の暮らしは鹿児島商業を卒業した昭和二十七年で終わります。鹿児島興業銀行

文学碑の脇に立つ芙美子の像と

「苦しきことのみ多かりき」とある林芙美子文学碑

に入行したことで、銀行本店のある鹿児島市に家族そろって移りました。その年、古里の高台に「林芙美子文学碑」が建っています。説明文に「林芙美子一回忌記念に火野葦平らにより建てられた碑です」とあります。火野葦平は北九州市若松の人。『麦と兵隊』『土と兵隊』『花と兵隊』の兵隊三部作や『花と竜』を著した当時の人気作家でした。

林芙美子といえば『放浪記』ですよね。「私は宿命的に放浪者である。私は古里を持たない。私は旅が古里であった」という『放浪記』の書き出しはよく知られています。「母は、九州の桜島の温泉宿の娘である」。その母は他国の人と一緒になって鹿児島を追われ、山口県の下関に落ち着き、そこで自分は生まれたと語っています。

どっしりとした文学碑に刻まれているのは「花のいのちはみじかくて苦しきことのみ多かりき」という芙美子の言葉です。まだあどけない子どものころから行商に各地を歩くなど、旅を重ねた人生でした。

彼女は母の郷里を四度訪れています。生後間もなく母に連れられて来たとき、七歳と十一歳のとき、そして昭和二十五年四月、晩年の傑作『浮雲』の舞台になった屋久島を訪れた帰りでした。

小説では鹿児島側から見た桜島の風景が折に触れて描写されます。例えば「船が海上に出たせいか、薄陽の射した朝の桜島は、案外小さく紫色に健康に見えた。宿の部屋から見た桜島は幕を張ったように大きく見えたのだが、海上で見る桜島は、置物のように小さく見えた」というくだりは鹿児島から屋久島へ向かう船上からの描写です。そこには作者が島影にどんな思いを抱いていたかを測る手懸りはありません。

しかしこの旅で彼女は「鹿児島は母の郷里であったが、私にとっては他郷であった」というつぶやきを残しています。翌昭和二十六年六月、芙美子は四十七年の生涯を閉じました。

「思わず年を重ね、色々な事に旅愁を感じて来ると、ふとまた、本当の古里と云うものを私は考えてみるのだ。私の原籍地は、鹿児島県、東桜島、古里温泉場となっています。全く遠く流れ来つるものかなと思わざるを得ません」(『放浪記』)

波乱の人生が行きついた胸中でしょうか。

第三章　新しい日本の夜明け

鹿児島市の玄関口、鹿児島中央駅前に立つ「若き薩摩の群像」

袴腰砲台跡が伝える歴史の一幕

鹿児島の街は戦火に三度焼かれました。薩摩藩と英国艦隊との間で起きた文久三（一八六三）年の薩英戦争、不平士族が西郷隆盛をいただいて政府軍と一戦を交えた明治十（一八七七）年の西南戦争、そして先の大戦の空襲です。桜島の袴腰には「薩英戦争砲台跡」があり、幕末の大事件だった薩英戦争と、その誘因になった文久二年の「生麦事件」の記憶を今につないでいます。以下はそのあらましです。

【生麦事件】 文久二年八月二十一日、島津久光一行が東海道生麦村（現在の横浜市鶴見区）を通行中、騎乗の英国人四人（うち一人は女性）が行列に入り込んだ。怒った藩士数人が「無礼だ」と抜刀。女性を除く三人に斬りつけ、一人を殺害し、二人に傷を負わせた。事件を受け、英国代理公使ニールは本国からの訓令に基づいて幕府に謝罪状と償金を求め、薩摩藩には下手人の処刑と償金を要求。幕府は応じ、薩摩藩は応じなかった。事件の発生地にちなんで「生麦事件」と呼ばれ、薩英戦争につながる。

【薩英戦争】 文久三年六月二十八日、英国艦隊（七隻）が生麦事件への対応を巡って薩摩藩と直接交渉を行うため鹿児島湾に入り、湾内に停泊。交渉を重ねたが決裂し、七月二日、嵐の中の開戦になる。薩摩側が要所に砲台を配していたのに対し、英国艦船は高性能のアームストロング砲で応酬する構図。激しい撃ち合いが三日まで続いた。この戦いで薩摩藩は死者五人、負傷者十余人。英国艦隊は死者十三人、負傷者五十人。その後、十月二十九日になって薩英間に和議が成立。生麦事件は解決した。重要な歴史の一ページである。

桜島は鹿児島防衛上、極めて重要な位置を占めるとして、嘉永三（一八五〇）年に横山・赤水・沖小島に砲台が築かれており、翌年には赤水に火薬庫も建てられました。砲台設置から十二年後に起きた薩英戦争で、桜島は一つの「場面」を作っています。

「六月二十七日英艦が鹿児島湾に姿を見せると、かねての手はずどおり烽火が上がり、早

薩英戦争をしのぶ砲台跡（袴腰）

馬が出され、同時に砲台その他城下諸隊は持ち場を固めた。英艦は谷山七ヶ島沖に停泊した。翌二十八日英艦は前之浜に進出、藩と交渉した。この間、西瓜売りに変装した決死隊八組が七隻の英艦に接近したが失敗した。この日英艦は停泊場を桜島の小池横山沖に移した。桜島郷士《ごうし》（二十歳～五十歳の五九一人）が戦闘配備についたのはもちろんである」

「七月一日交渉は決裂し、開戦が決定的になった。七月二日嵐の中で戦闘が始まった。各砲台と英艦の間に激闘がなされた。翌三日英艦は戦死者の水葬を行い、船の修理をなそうとしたが、袴腰城山の頂きに大勢の人を見て砲台の建設を察し停泊地を谷山沖に移した。城山の頂上に赤水の大砲を移動しようとした大山格之助（綱良）の企ては失敗に終った」

――これは『桜島町郷土誌』が記録しているその場面です。

薩英戦争で英国艦の艦砲射撃を受けた鹿児島の街は火災で約一割が焼けました。鹿児島城（鶴丸城）も多くの建物が砲弾を浴びています。このとき本丸や御楼門は焼失を免れました。しかし十年後の明治六（一八七三）年、本丸を焼く火災が発生し、その延焼で御楼門も焼失します。火災の原因については「謎の不審火」とされています。

居館（藩主の居所）の表玄関である御楼門は城のシンボルでしたから、復元を望む声はずっとありました。明治維新一五〇周年記念事業の一環としてそれが動き出します。復元のための調査や寄付金募集に官民が一体で取り組み、令和二（二〇二〇）年三月、焼失から一四七年の時を経て御楼門がよみがえりました。その姿を見たとき、多くの皆さんと共に支援した私も心から感動しました。

念願かない、復元された「御楼門」

　御楼門の復元は一つの物語を添えました。岐阜県から建材として贈られたケヤキで大扉が造られたのです。江戸中期の「宝暦治水事件」をしのぶ歴史が映っています。

　宝暦治水というのは宝暦三（一七五三）年、幕府が薩摩藩に命じた「御手伝普請」による治水事業をいいます。対象は現在の愛知・岐阜・三重三県を流れる木曾三川（木曾川・長良《ながら》川・揖斐《いび》川）の流域で、河川が複雑に分流・合流を繰り返し、洪水が多発する地形でした。多額の費用を伴う難事業に、薩摩藩は家老平田靭負《ゆきえ》以下、約千人の人手を送り出します。

工事は宝暦四年二月から一年余で終わりますが、莫大な予算超過と八十人を超える犠牲者を出しました。総指揮を執った平田靭負は宝暦五年五月、幕府の検分直後に死去します。「全責任を負って自刃した」と伝えられます。五十二歳でした。

「この工事で木曾川周辺では洪水被害が激減した。美濃の人たちは、なくなった薩摩藩士を薩摩義士とあがめ、最大の難工事であった木曾・揖斐川の締切堤防（油島締切堤防、千本松原とも）に治水神社をたててまつった」（平成十一年発行『鹿児島県の歴史』）

美濃は岐阜県南部の当時の国名です。工事が取り持つ縁で鹿児島県と岐阜県は姉妹県の盟約を結んでいます。御楼門のケヤキの大扉につながる史話です。

忠実に再現された御楼門は「二重二階造・木造本瓦葺」という造りで、高さ・幅とも約二〇メートルあり、城門として日本最大級といわれます。大屋根に青銅製の鯱《しゃちほこ》をのせたたたずまいは誇らしく、鹿児島観光の新しいシンボルになっています。

宮崎の戦場に消えた「西郷札」

西南戦争の砲撃の激しさを物語る鶴丸城の石垣

御楼門の脇の石垣には無数のくぼみが見られますが、これは西南戦争の際にできた砲弾の跡です。「熊本・宮崎での戦いに敗れた西郷軍は、明治十（一八七七）年九月、故郷鹿児島の地に戻り、城山を中心に布陣し最後の決戦に挑みます。これに対し官軍は約五万人の兵で包囲し、西郷軍に無数の銃・砲弾を浴びせました」と記録にある痕跡です。時代の情景が凝縮された地と言えるでしょう。

西南戦争の戦火は県下各地に広がり、経済基盤である農業は農地の荒廃、農産物の減収といった被害を受けます。一方、城下町の鹿児島の状況については『鹿児島銀行百年史』に次の記述があります。

「当時の鹿児島の商工業等経済事情を知る手掛かりが皆無であるので、その面における戦役の影響を知る術はないが、五月の市街戦勃発と同時に大多数の住民は近在に避難し、商人もまた競って疎開したため、経済活動はまったく停滞したであろうことはほぼ推察できる」

　ここでは西郷軍が戦費調達のために発行した軍票の「西郷札」の話をしておきます。以下は『鹿児島銀行百年史』からの抜粋です。（要約）

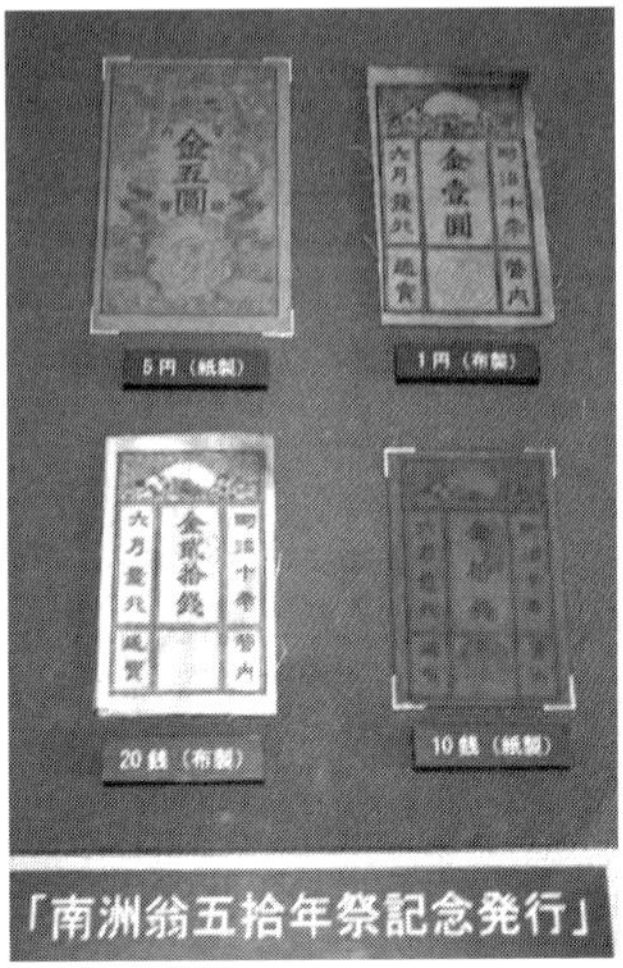

「西郷札」の複製品
（田原坂西南戦争資料館）

　――挙兵当時、西郷軍は大山県令提供の県公金十五万円を始め、およそ二十五万円程度の軍資金を準備したが、一万名を超える将兵を擁しての戦費として、二十五万円は一カ月維持することすら覚束ない金額であった。そのために、公金（県内各郷、宮崎支庁分）の追加徴発、民間からの徴発等も重ねたが、なお軍資金の窮迫は覆うべくもなく、ついに軍票発行に踏み切らざるを得なくなった――

　西郷軍は熊本の戦いに敗れ、日向に転戦して鹿児島県宮崎支庁を占拠します。そこに軍務所を設けると軍票の製造にかかりました。

　――当初、支庁において発行させせようと試みたが、支庁長から反対され結局西郷軍みずから発行せざるを得なくなり、総責任者に桐野利秋、現場監督に池上四郎を命じ、宮崎県広瀬に工場を設置し、職人二十五名程度で翌六月から製造を開始した。製造計画は百万円であったが、原料の入手難と製造期間が短かったため、実際の製造高は十四万円余に過ぎなかった。種類は十円、五円、一円、五十銭、二十銭、十銭の六種であった――

短期間に大量に製造する必要から、紙幣では手間取るため寒冷紗（荒織りの布）を二枚張り合わせた布幣になっています。

――西郷札に引換保証はなく、しかも西郷軍の敗退が明らかだったので信用皆無であり、薩軍の権力と西郷の信望で辛うじて二十銭、十銭の少額幣が通用するに過ぎなかった。しかし、なかには十円、五円の高額幣で数十銭の買物をされ、釣銭を正規通貨で支払わされた商人もあった――

やがて官軍の追撃で西郷軍が当地を撤退すると、西郷札は紙くず同然になります。

――西郷札の所持者、特に商人は大きな損害を蒙ったので、戦後県令は正規通貨との引換方を政府に申請したが認められず、結局は引揚げのうえ截断処理された――

これを材料に小説『西郷札』を著したのが松本清張です。「私のいる新聞社では『九州二千年文化史展』を企画した」という書き出しで物語は始まり、文化史展の展示物として届けられた西郷札とその関連史料に推理を働かせ、歴史の表裏をたぐっていきます。

さわりは、時勢が落ち着いたころに流れた「西郷札買い上げ」の風聞を巡る騒ぎです。

「近頃日向辺りにも先年賊軍が発行せし不換紙幣を近く官にてお買上交換が相成が如く誠しやかにふれまはり、土地の住民共この言に惑はされ大金を投じて紙屑同様なる紙幣を買集めに狂態を為し居る由」（原文のまま）

小説は昭和二十六年の『週刊朝日』春季増刊号に発表されました。松本清張がまだ無名時代の作品ですが、歴史を〝事件化〟して読ませる巧みさは、その後の「清張ワールド」の作品群につながる感じがします。

西郷札は鹿児島市西郷南洲顕彰館に保存されたものがありますが、西南戦争の激戦地だった田原坂《たばるざか》（熊本市植木町）に立つ田原坂西南戦争資料館にもレプリカ（写し）が展示されています。はるか日向の地で発行され、そこで敗戦とともに生命を失った西郷軍の軍票ながら、歴史的資料価値があるというのでしょう。田原坂の資料館は「戦時には政府から偽札と規定された西郷札。西郷への敬慕により、今では日本初の軍票と位置づけられている」と説明しています。

官軍と薩軍が攻防を繰り広げた田原坂の戦いでは一千万発の弾丸が飛び交い、抜刀による戦闘を含めて四千人以上の死傷者が出たといわれます。訪ねると、一帯はミカン畑などが広がるなだらかな丘陵地で、開発に荒らされたような様子も見られず、戦闘があった当時もこのような風景であったろうかと思わせます。緑に包まれた古戦場にたたずみ、「こんな所で多くの若者が亡くなったのか」と思ったものです。

「雨は降る降る／人馬は濡れる／越すに越されぬ／田原坂」――。これは熊本民謡「田原坂」の一節です。田原坂の戦いは明治十年三月四日〜二十日の十七日間でしたが、六日間は雨でした。その中で彼らは戦ったのです。民謡は「右手《めて》に血刀／左手《ゆんで》に手綱／馬上ゆたかな／美少年」と続きます。

資料館の近くには「戦いで散った若者すべての象徴」として美少年像が建てられているほか、地元の人たちにより合葬された薩軍戦死者の「薩摩塚」もあり、今も花が手向けられていると聞きます。

田原坂に立つ美少年像

島津斉彬と海を渡った若者たち

鎖国日本が世界へ門戸を開いていく幕末から明治維

新にかけて、鹿児島から多くの逸材が輩出しています。西郷隆盛、大久保利通などがそうですが、それにつけても思うのは、若い彼ら薩摩藩士を育てた第二十八代藩主島津斉彬《なりあきら》（一八〇九～一八五八）のことです。藩の富国強兵に努め、洋式工場群の集成館事業を興し、国政改革にも貢献した名君でした。

集成館では洋式造船、大砲鋳造のための反射炉・溶鉱炉建設、地雷・ガラス・ガス灯製造などに取り組みました。西洋文化の吸収に積極的だった斉彬は、安政四（一八五七）年に日本で初めてモールス信号による交信に成功し、鶴丸城と探勝園（二の丸）の間で実演してみせたという話も残っています。

「今の時世は、従前の儒者流の見解だけでは、乗り切れない。広く世界に目を注ぎ、外国との通信・交通も許し、彼の長所を取り入れ、わが体制をたて直して…外国へも乗り出し、国体を立て、国威を張るということにならなければいけない。このような目的で、学問を広くして、教育の基を立てなおす方針である」

これは鮫島志芽太著『島津斉彬の全容』にある斉彬の言葉です。斉彬は西洋の学問を学ぶ薩摩藩開成所の設立やフランスへの留学生派遣も計画していました。しかし病に倒れ、実現を見ないまま亡くなります。

斉彬が思い描いていた薩摩藩開成所が開設されたのは薩英戦争翌年の元治元（一八六四）年です。日本の近代化の必要性を痛感していた薩摩藩は慶応元（一八六五）年、遣英使節団を送り出します。顔ぶれは留学生十五人、視察員・通訳四人でした。留学生は開成所から選ばれた若者たちで、最年少の長澤鼎《かなえ》（本名・磯永彦輔）はまだ十三歳でした。

一行は羽島（現在のいちき串木野市羽島）の沖からひそかに船で旅立ちます。長崎の「グラバー園」で知られるスコットランド出身の貿易商トーマス・グラバーが手配した船でした。

「この時の日本は鎖国の時代、幕府は、各藩が外国へ留学生を送ることを認めていませんでした。幕府の許可を得ない今回の留学は、鎖国を破る重罪となり、彼らは幕府の追及をごまかすために全員が名前を変え、イギリスに向かうのです。見つかれば死罪。留学生達にとって、命をかけた大きな決断でした」（鹿児島県ホームページ「海を渡った若者たち／薩摩藩英国留学生」）

二カ月の船旅で目的地のロンドンに着いた留学生たちは、まず語学の習得に励み、大学に通って化学・数学・天文学などの分野で猛勉強をします。工場や鉱山、農園などの見学も重ねました。渡英から二年後に日本で維新の政変が起こり、送金も途絶えたため留学生

米国で「ブドウ王」になった
長澤鼎の「生立ちの地」の碑

の多くは帰国しますが、米国に渡って勉強を続けた人もいます。日本に帰った彼らは維新政府の中核として活躍することになるのです。

ＪＲ鹿児島中央駅前に遺英留学生を主題にした「若き薩摩の群像」の碑が立っています。鹿児島市が昭和五十七（一九八二）年に人口五十万都市達成を記念して建立したもので、碑文は一行の功績を「強靱な士魂と熱烈な郷土愛をもって異国における様々の障害を克服し、学問や技術を修め、帰朝後は黎明日本の原動力となり、各分野で不滅の業績を残しました」とたたえています。

また、脇の説明板では団長を務めた新納《にいろ》久修《ひさなが》や引率者の五代友厚らの現地での活躍に触れて「パリ万国博への薩摩藩の参加を決め、当初の目的であった紡績機械の買いつけにも成功しました。また松木弘安（寺島宗則）は、イギリスとの外交折衝で、倒幕運動への助力を得たのです」と述べています。

最年少留学生だった長澤鼎だけは日本に帰らず、米国に永住して八十二年の生涯を終えました。永住の地はカリフォルニア州サンタローザです。ワイン醸造所とブドウ園を経営して成功を収め、後世まで「ブドウ王」「ワイン王」と語り継がれることになります。

鹿児島市の生地には「長澤鼎本籍・生立ちの地」の碑が見られます。平成二十七（二〇一五）年に英国留学一五〇年を記念して鹿児島サンタローザ友好協会が建立しました。そこには「一九一〇年（明治四十三）、本人の強い希望で、この地荒田町（後の下荒田町）五三番地に新戸籍を創設。ここを終生の故郷とさだめる。今、鹿児島の興国寺墓地で静かに眠る」とあります。

青少年を育てた日新公いろは歌

このように若い人たちを世に出した鹿児島の人材養成を考えるとき、薩摩島津藩独特の教育制度として知られた郷中《ごじゅう》教育と、その教典となった「いろは歌」に思い至る人も多いでしょう。地域（郷中）ごとの自治的教育組織の指導を受けるなかで、子どもたちは精神を鍛錬し、質実剛健な気風を養いましたが、その教育の規範となったのは島津日新公（忠良）のいろは歌だといわれます。

尚古集成館が編集発行した「日新公いろは歌」の冊子に、制作の背景を解説した芳即《かんばしのり》

島津日新公の墓
（南さつま市）

正《まさ》氏の「日新いろは歌について」という次の一文が見られます。

「これは神儒仏三教（神道・儒教・仏教）の教えを基に人間の、特に武士の守るべき道を示したものであります。当時の武士は本来草深い農村から出てきた人達でした。まだ兵農分離がなされておらず、彼らの住まうところは農村で、その教育も余り進んでいませんでした。そこで忠良はその精神的バックボーンをつちかおうと、いろは歌を作りました」

日新公は明応元（一四九二）年に伊作亀丸城に生まれました。動乱の世を戦いに明け暮れて島津一族を統一した戦国大名です。文武の道に達し、政治・経済・文化の各面で善政を敷いたと歴史が伝えています。永禄十一（一五六八）年に加世田《かせだ》（南さつま市）で亡くなりました。「住民の父」と慕われていたそうです。お墓と、公が祭神として祭られている竹田神社があります。

墓所と神社を結ぶ道がイヌマキ並木の下に続いており、いろは歌を石に刻んだ碑が立ち並んで「いにしへの道」と呼ばれています。道の入り口に立つ歌の由緒書きには「日新公『いろは歌』は、公が日頃人間の正しい生き方について説いてきた教えを、五十四歳のとき四十七首にまとめられたものです。この歌は後世に伝えられ鹿児島の教育の大きな柱となりました」とあります。

「いにしへの道」に立つ、いろは歌の碑

南さつま市が資料化している「島津日新公いろは歌集」から、「い」「ろ」「は」の三首とその大意を並べておきます。

第一首「いにしへの道を聞きても唱へてもわが行ひにせずばかひなし」（大意）昔からの立派な教えをいくら聞いても、またどれだけ口先で唱えても、自分で実行しなければ何の役にも立たない。

第二首「楼の上もはにふの小屋も住む人の心にこそはたかきいやしき」（大意）二階造りの立派な家に住む人も、みすぼらしい小屋に住む人も、その住む所によって人の値打ちは定められるものではない。その人の心にこそ、尊い、いやしい、の区別があるのだ。

第三首「はかなくも明日の命をたのむかな今日も今日もと学びをばせで」（大意）世の中には、今日は用事がある、今日は気分が悪いなどと言って、大事な学問を勉強せず、あてもなく、明日の日を頼みにしている人がいる。

――このように、薩摩武士の精神的支柱となった歌が第四十七首まで続きます。郷中教育で子どもたちは必ず暗記させられたそうです。

斎藤之幸著『西郷大久保稲盛和夫の源流　島津いろは歌』（出版文化社）は、いろは歌に込められた深いメッセージ性を評価してこう書いています。

「これからを担う若者たちに躍動するエネルギーを与え、行動するバイタリティーを醸成するために作られたものである。それあればこそ、江戸三〇〇年の太平の世にも郷中教育はそのエネルギーを失わず、薩摩藩は活火山としての活力を温存し得て、やがて、無数の公の分身たちを生んだのである」

「時標」になった鹿児島の偉人

時代を切り開く人材が出た鹿児島は彫像が随所に建てられています。よその土地にはそれほど見られない光景ですが、街角で近年目にするものとして平成二十二年度に設けられた「時標《ときしるべ》」の像があります。「多くの偉人を輩出した鹿児島市。近代日本に影響を与えた薩摩の人々を、より身近に感じていただくため、市内七カ所に偉人たちの像と解説板を設置しています」（鹿児島市）。ご案内しましょう。記述は時代順。説明は主にその解説板によります。

【重豪、薩摩の科学技術の礎を築く】

安永八（一七七九）年、島津家第二十五代当主島津重豪《しげひで》は天文台の明時館（天文館）を設置し、薩摩暦を作成した。蘭癖《らんぺき》と言われるほどの洋学通で、積極的な開化政策を導入。藩校造士館や医学院も創設した。娘の茂姫は十一代将軍家斉の妻。重豪の先進性は第二十八代斉彬に継承され、明治維新への基礎を築いた。

【樺山、黒田、大いに語る】

安政五（一八五八）年、幕府の大老に井伊直弼が就任し、将軍継嗣問題で、薩摩藩主島津斉彬を含む一橋派と激しく対立した。樺山資紀《かばやますけのり》や黒田清隆など多くの薩摩の若者たちが、藩や日本の将来について日々語り合っていた。

樺山資紀は西郷隆盛が総大将を務めた新政府軍と旧幕府軍が戦った戊辰戦争に従軍。西南戦争では熊本鎮台参謀長として熊本城を守った。警視総監をはじめ、海軍大臣、陸軍大臣、初代台湾総督、内務大臣、文部大臣を歴任した。

黒田清隆は薩長同盟に尽力。戊辰戦争では北陸道鎮撫総督府参謀として五稜郭の戦いなどで活躍した。北海道開拓ではケプロンやクラークを招いて札幌農学校を設置し、開拓の基礎を築く。農商務大臣を経て、明治二十一年に第二代内閣総理大臣に就任。大日本帝国憲法を発布した。

【伊地知、吉井、政変について語る】

幕府と改革派の覇権争いの中、安政七（一八六〇）年に起きた桜田門外の変で井伊大老は暗殺され、幕府は勢力を弱めていった。ここ薩摩の伊地知《いじち》正治、吉井友実、大久保利通ら精忠組（誠忠組）の間でも、この政変をめぐって様々な議論を重ねていた。

伊地知正治は西郷隆盛が最も信頼していた人物の一人。造士館の教授を務めた。目、足が不自由にもかかわらず、剣の達人で、薩摩を代表する軍師の一人。戊辰戦争の作戦はほとんど伊地知が立てたといわれる。左院議長、宮中顧問官を務める。
吉井友実は西郷隆盛や大久保利通とは幼少期からの親友。精忠組（誠忠組）の中心人物の一人。坂本龍馬との関わりも強く、薩長同盟に尽力。尊皇倒幕運動を推進、鳥羽伏見の戦いで功績をあげた。宮内次官、日本鉄道会社社長などを務めた。

「イギリス艦、鹿児島湾に現る」（時標）

【イギリス艦、鹿児島湾に現る】

イギリス人に死傷者を出した生麦事件を解決するため、翌年の文久三（一八六三）年、イギリスは薩摩に七隻の艦隊を派遣した。いわゆる薩英戦争である。イギリス艦隊入港の知らせを聞いて、大山巌《いわお》、西郷従道、山本権兵衛も港へ急いだ。

大山巌は西郷隆盛のいとこ。薩英戦争、戊辰戦争に従軍。西南戦争では官軍の司令官となった。陸軍大臣となり、日清・日露戦争で活躍。警視総監、文部大臣、内務大臣なども務めた。

西郷従道は西郷隆盛の弟。薩英戦争、戊辰戦争に従軍。西南戦争では、官軍の留守を預かる陸軍卿代理を務めた。初代海軍大臣。

内務大臣、海軍大将、陸軍大臣などを二十年余り務めた。

山本権兵衛は薩英戦争、戊辰戦争に従軍。海軍大臣を経て、大正二年に第十六代内閣総理大臣となった。その後、大正十二年に再び第二十二代内閣総理大臣となる。日本海海戦のときの海軍大臣で、連合艦隊司令長官に東郷平八郎を起用した。

【龍馬、お龍と薩摩でひと休み】

慶応二（一八六六）年、薩長同盟締結直後に坂本龍馬は京都の寺田屋で幕吏に襲われ負傷。深交のあった薩摩藩家老の小松帯刀《たてわき》や西郷隆盛の勧めにより温泉で傷を癒すため、妻のお龍とともに薩摩を訪れた。小松別邸に滞在し、霧島にも訪れた。これが日本初の新婚旅行といわれている。

坂本龍馬は土佐出身。土佐藩を脱藩後、勝海舟の門下生となる。薩摩藩（特に小松帯刀）の支援で、海援隊の前身ともなる「亀山社中」を長崎で創設。薩長同盟や大政奉還に深く関わる。龍馬は記録で確認できるだけでも三度薩摩を訪ねている。

お龍は京都の町医者の楢崎将作の長女。父が江戸幕府による尊皇攘夷派の弾圧（安政の大獄）で牢死した後、龍馬の世話で寺田屋で働く。龍馬が寺田屋で襲われたとき、いち早く薩摩藩邸に助けを求めた。

【ウィリス、高木に西洋医学を説く】

江戸駐在のイギリス人医師ウィリアム・ウィリスは、明治二（一八六九）年に薩摩藩に招聘され、医学校長となり、赤倉病院を創設。イギリス式近代医学教育を行い、西日本における医学の中心を築いた。現在の東京慈恵会医科大学を創設した高木兼寛もここで学んだ。

「ウィリス、高木に西洋医学を説く」（時標）

ウィリアム・ウィリスは生麦事件、薩英戦争にも関わり、戊辰戦争では負傷者の手術・治療を行い、大山巌、西郷従道なども助けた。西郷隆盛に連れられて鹿児島に来てからは、医学校や赤倉病院などで、県内外の多くの医学生を育てた。クロロホルムによる麻酔手術を伝え、鹿児島の近代医学の先駆者となった。

高木兼寛は薩摩藩士で、日本最初の医学博士。脚気《かっけ》の撲滅に尽力し、「ビタミンの父」とも呼ばれる。

「黒田清輝、桜島の噴火を描く」(時標)

【黒田清輝、桜島の噴火を描く】

大正三(一九一四)年、鹿児島に滞在していた黒田清輝は、桜島の大噴火に遭遇。創作意欲を刺激され、噴火中の桜島をスケッチするため弟子と港へ向かい、この爆発を主題に絵を描いた。一連の絵は現在、鹿児島市立美術館に収蔵されている。

黒田清輝は日本の洋画家の第一人者。フランス留学の後、東京美術学校の教授になる。「湖畔」「昔語り」などの名作を残し、藤島武二、和田英作など後進の育成に努めた。

第四章　時代と共に歩む銀行

鹿児島銀行本店

戦災から生まれた「士族銀行」

昭和二十七（一九五二）年三月に鹿児島商業高校を卒業した私は、翌四月一日、鹿児島興業銀行に入行しました。鹿児島興業銀行はこの年十二月、現在の鹿児島銀行に商号を変更します。創業銀行は明治十二（一八七九）年設立の第百四十七国立銀行です。ここに至る銀行の歩みを創業期前後にさかのぼって振り返っておきます。

『鹿児島県史』に明治新時代の空気を伝える次の言葉が見られます。

「幕末維新に際し、新社会の黎明はわが鹿児島の地に起り、その盛業は曠古《こうこ》未曾有の一頁を本県史上に劃《かく》したのであった」

幕末から維新にかけて人材を輩出し、近代日本の夜明けに貢献した鹿児島の誇りが読み取れます。その晴れ晴れした空気が明治十年の西南戦争で暗転しました。西郷隆盛を担いで政府軍と戦ったこの内戦に、十代半ば以上の男性のほとんどが参加し、生き残った人も多くは法に触れたとして処刑されました。家々は兵火に焼かれ、離散に追い込まれた家族も少なくありません。

「本県に於ては、明治十年以前幾多の企業が振起せんとしてゐたが、夫等《それら》は十年を境として総て一頓挫した形となった。実に明治十年の兵乱が本県産業界を萎靡《いび》壊滅に導いたことはもとより、特に一般士族の生活を脅した点に於て、或る意味では維新の変革以上であった」

西郷隆盛と薩軍戦没者の墓がある南洲墓地

新しい産業社会へ船出しようとしていた矢先に西南戦争が起きたのです。県士は兵馬に踏みにじられ、人材と財産のことごとくを失いました。仕事や収入をなくした士族を救済するために授産事業を育成し、戦災復興と殖産興業を図る——。これが時の県政の重要課題になります。

士族の授産事業には政府交付金が投じられました。対象業種は開墾・塩田修築・牧畜・養蚕・製紙・甘藷・製糖・機織などでした。そのような状況下にあって銀行設立の機運が高まったのは、混乱から脱却し、復興への一翼を担う目的があったと思われます。

第百四十七国立銀行は明治十二年十月六日に営業を始めました。行名に「国立銀行」とありますが、国営ではなく、銀行紙幣（国立銀行券）の発行を認められた民間資本による株式会社です。創業時の株主は二六四人。全株主が士族でした。上級士族に偏らず、士族全体の利益擁護機関としての性格を持った「士族銀行」で、士族の救済に貸出金を重点的に運用しています。

「一県一行」の国策で三行合併

第百四十七国立銀行は創業翌年の明治十三年二月、初の支店を大阪に出しました。続いて宮崎支店（十六年一月）、沖縄支店（同十月）、東京支店（二十一年九月）、都城《みやこのじょう》出張所（二十八年四月）と開設していきます。県外店舗ばかりですが、これは本店所在地の地域経済に強く規制されることなく、採算重視で店舗展開ができた時代だったからでした。県内に支店を開設するのは大正期になります。

政府は明治十六年五月、国立銀行条例を改正します。改正の柱は、①国立銀行は開業免許の日から二十年間存続を認める、②期限後は大蔵大臣の許可を得て私立銀行に転換できる、③存続期限内に国立銀行紙幣を償却すること――の三点で、銀行制度の改革でした。これを受けて第百四十七国立銀行は明治三十年一月、私立銀行に転換し、株式会社第百四十七銀行として営業を引き継ぎます。

昭和55年発行の『鹿児島銀行百年史』に掲載されている当時の鹿銀本店

私立銀行への転換は、創業以来の士族銀行から、新しい時代を担う商業銀行への脱皮を促しました。それまで預金、貸出とも士族重視の経営だったのが、転換に伴って取引先の動向などに変化が現れます。取引先数、取引金額、株主構成のいずれも商業者が台頭し、士族銀行色は弱まっていきました。

その後、大正期を経て昭和に入ると、日本は次第に戦時体制へ向かいます。その過程で地方中小銀行の整理統合が進められ、昭和十一（一九三六）年五月には廣田内閣の馬場鍈一《えいいち》蔵相が「一県一行主義」を表明しました。国債消化の推進と、生産力拡張資金の調達能力を上げる政府の方針が、銀行間の競争で妨げられているという認識でした。

「一県一行」の国策に従い、第百四十七銀行は昭和十九年二月、鹿児島銀行（旧）、鹿児島貯蓄銀行の地元二行と合併して鹿児島興業銀行を設立します。そして戦後の商号変更という冒頭の話になります。

念願の鉄道敷設に発展を確信

明治後期以降の五十余年は日本が戦争に関わり続けた年月でした。日清戦争（明治二十七年〜二十八年）、日露戦争（明治三十七年〜三十八年）、第一次世界大戦（大正三年〜七年）、日中戦争（昭和十二年〜二十年）、第二次世界大戦・太平洋戦争（昭和十六年〜二十年）とたどったこの時代は、まさに「戦争に明け暮れた半世紀」と言えます。

日本は日清・日露の戦争で大陸に地歩を確立する一方、国内的には戦費の費消が戦勝気分をあおり、かつてない企業熱の高まりをみせます。特に軽工業が近代的会社機構によって目覚ましい発達を遂げました。地方の土木事業も育ち、道路の開発、河川・港湾の整備、鉄道の敷設が進んだのもこの時代です。

鹿児島の経済は関西地区への依存度が高く、鹿児島港は物資移入・移出の基地として大きな比重を占めていました。しかし船舶の大型化や運航の増便など、海運の発達に対応するには手狭になっており、業界や地元経済界から大規模な改修を要請する声が出ていました。

明治三十四（一九〇一）年、その鹿児島港の改修事業が起工され、五年後の三十九年に完工しました。『鹿児島県史』は「土砂の浚渫、桟橋の設置、上屋の築造等、港湾に附随する諸般の施設も整い、船舶の出入、旅客の乗降、貨物の集散に多大の便宜を与えた」と事業の効果を強調しています。

地域とともに歴史を重ねる鹿児島駅

港湾とともに熱望されていたのが鉄道です。鉄道敷設法で「国が建設すべき鉄道路線」と定められていた肥薩線が明治四十二年に開通します。これにより門司－鹿児島間が鉄路で結ばれました。港湾整備に将来への希望を膨らませたのと同様、『鹿児島県史』は「経済上、社会上、文化上諸方面に於ける将来の発展は全日本的規模の上に約束せられることとなった」という表現で大願成就を喜んでいます。当時の人々の思いがよく伝わりますよね。

昭和七（一九三二）年には九州を東回りに小倉－大分－延岡－宮崎－都城－鹿児島と主要都市を結ぶ日豊本線も全通します。

疎開した防空壕で営業を続ける

日本経済は戦争に伴って発生した物資の需要で潤うという「戦争景気」を何度か経験しています。大正三（一九一四）年七月に起きた第一次世界大戦を例にとりましょう。この戦争はイギリス・フランスなどの連合国軍とドイツ・オーストリアなどの同盟国軍の間で行われました。日本も連合国の一員として参戦しますが、遠く欧州が主戦場だったことから、日本の国土は戦場になっていません。

開戦当初、日本は国際収支の悪化も手伝って不況下にありました。しかし戦争が拡大するにつれ、連合国や友好国から不足する軍需品などの供給を求められるようになります。アジア・アフリカの輸出市場からはヨーロッパ製商品が後退し、日本製商品が市場を独占していきます。海外市場の拡大と輸出の急増で企業は活況を呈し、日本経済は一気によみがえりました。

このように大戦の好影響で急成長したわが国経済ですが、戦争の終結でその基盤が失われます。やがてヨーロッパの主要国が生産市場に完全復帰すると、日本企業は一転、輸出不振に陥りました。大戦中から過剰生産を続けていた企業は余剰生産物を大量に抱え込み、株価の大暴落を招きます。いわゆる戦後恐慌です。

昭和四（一九二九）年の経済恐慌でも鹿児島は大きな打撃を受けました。特に農産物価格の下落が農家経済を危機に陥れます。政府は救農土木事業の創設、農村金融の拡充、米価維持策などを講じ、県も農産物価格の下落防止、低利資金貸付による農業振興策などを打ち出します。しかし軍事費が膨張しつつあるなかで農村救済対策は圧縮され、効果が十分表れないまま昭和九年度限りで打ち切られました。

太平洋戦争下の銀行の状況については『鹿児島銀行百年史』から次の記述を紹介しておきます。

――当行の罹災は昭和十九年十月十日の沖縄支店全焼を始まりに、翌二十年三月十四日には大阪支店が全焼し、次いで四月国頭、大島支店が罹災した。六月十七日には鹿児島市が空襲を受け、朝日通支店を半焼したほか、七出張所を全焼した。このほか空襲による罹災は地方店舗にもおよび、終戦までの罹災店舗は二十一カ店を数え、全店舗数の四分の一に達した――

鹿児島市街が猛爆撃を受けながら、本店は幸いにも空襲の直撃弾を受けず、周囲の猛火にも類焼を免れ、現在地で営業を続けます。しかし六月下旬、行員の安全と帳簿等債権債務書類を守るため冷水峠《ひやみずとうげ》水源地近くの防空壕に疎開し、壕内営業を始めました。「常時出勤者は役員以下十四～十五名、来店客は疎開のための預金払出者がほとんどであった」と『百年史』は述べています。疎開から二カ月近くして終戦を迎えました。

戦災から復興し、県都として栄える鹿児島市

真の自立までには距離がある

終戦のころ、鹿児島県の基幹産業である農業は、戦争による労力不足や資材欠乏、戦争末期の空襲、終戦直後の台風被害などで著しく衰退していました。『鹿児島県史』に「戦後十年間における農家人口と農家戸数の推移」と説明が添えられた県の統計が載っています。その中の昭和二十一年と二十五年分を抜き出したのが次の数字です。

▼昭和二十一年＝二一万三八一四戸、一一六万七八二七人
▼昭和二十五年＝二四万六二三四戸、一三二万一七七五人
五年間で農家戸数は三万二千戸余、農家人口は約一五万四千人、それぞれ増えています。これは終戦とともに軍隊からの復員者、外地からの引揚者、戦災都市からの帰農者を主として農村部が吸収し、農業人口が急激に膨張したことを示しています。農家戸数比率は全国第一の高位県だったといいます。

労力不足は解消されましたが、農家戸数が急増したことで、今度は農業生産の規模が極度に零細化しました。

昭和二十六年九月、日本と連合国の間でサンフランシスコ平和条約が締結されました。講和が成り、大戦で連合国に無条件降伏した日本はこの条約で主権を回復します。翌年、政府は講和後最初の年次経済報告として昭和二十七年度経済白書（経済安定本部編）を発表します。冒頭、周東英雄・経済安定本部総務長官はこの白書の性格を「戦後六ヶ年有余の日本経済のいわば総決算である」と述べ、日本経済の現在地を次のように示しました。

――政治、外交上の自主独立を回復したわが国の経済は、終戦当時にくらべて確かに目覚ましい上昇をとげた。しかし日本経済の現状を内容的に考察するならば、国際収支は全

県経済を引っ張る鹿児島市の中心街

体としては黒字を示しているとはいえ、経常的な貿易収支はなお多額の赤字を残しており、一方企業における資本蓄積の不足は依然顕著であり、国民生活の水準は戦前をかなり下回っているのであって、真の経済自立を達成するまでにはいまだ少なからぬ距離があるといわなければならない――

白書はここまでの戦後経済の回復過程を四つの段階に整理しています。

第一段階＝終戦から昭和二十二年初めまでの混乱期
第二段階＝昭和二十二年初めから二十三年末までの再建への発足期
第三段階＝昭和二十四年初めから二十五年半ばまでの経済安定計画期
第四段階＝昭和二十五年半ば以降の動乱ブームおよびその調整期

白書に読む「経済回復」四段階

前項の「戦後経済の回復過程」について述べた経済白書の解説を以下に再録（一部要約）します。

【終戦直後の経済的混乱】終戦直後の日本経済はほとんど麻痺状態に陥っていた。四四％におよぶ領土の喪失、終戦後二年間で六百余万人にも達する人口の増加（その大半は海外よりの復員者、引揚者）、非軍事的なものだけでも四兆二千億円（昭和二十三年末公定価格）を算する戦争被害、その他住宅、工場、輸送設備、河川、道路、山林などの損耗荒廃、貿易の途絶等々、直接間接に敗戦に伴う重圧が日本経済にのしかかっていた。このような戦後経済の苦悩はインフレーションと食糧危機に象徴される。

【再建への発足】戦後生産の上昇をしばらく支えた資材ストックが次第に食いつぶされんとする一方、産業活動の基礎である石炭の生産は沈滞を続け、昭和二十一年秋以降甚だしい渇水によって発電力は低下し、縮小再生産の姿が次第に深刻化した。この状況に応

鹿児島の戦後経済の歩みを映す鹿児島中央駅

えて二十二年初めから実施されたのが「傾斜生産方式」である。その構想は、輸入重油－鉄鋼増産－炭山へ鋼材の傾斜配給－石炭増産－鉄鋼への石炭増配という経路を通じて、石炭、鉄鋼の生産を相互循環的に上昇させ、それによって縮小再生産を食い止めようとするものであった。

【経済安定計画の進展】 経済復興援助の進捗とともに、米国はインフレの収束、為替レートの設定などの措置をわが国にも要請した。すでに昭和二十三年下期に経済安定十原則、賃金三原則等が提示されていたが、さらに同年十二月に「経済安定九原則」が本国から総司令部への指令として公にされた。翌二十四年二月訪日したドッジ公使は、この九原則の日本経済に対する具体的適用として、いわゆる経済安定計画を立案し、二十四年度新予算から実施された。その構想の重点はインフレーションの収束と自由経済への復帰にあった。

【動乱ブームとその調整】 昭和二十五年三月ごろから国際情勢の緊迫化を反映して戦略物資の輸出が伸び始め、安定計画下の景気沈滞は次第に解きほぐされていく感があったが、同年六月朝鮮動乱が勃発してこの動きは決定的となり、経済の様相は一変した。特需の発生、輸出の増大で滞貨は一掃され、生産も上昇を開始する一方、輸出入価格の急騰と通貨の膨張で国内価格も急騰し、輸出と特需関連産業の収益は増加した。ところが二十六年二月ごろから世界的に動乱景気に対する反動傾向が現れ、日本経済も調整の過程に入らざるを得なかった。

「特攻帰り」もいた二十七年入行組

空襲で焼け野原になった鹿児島の街は、戦後二〜三年もするとバラック風の家がバタバタ建ち始めました。建築資材が確保できるようになったのです。私が鹿児島興業銀行に入行した昭和二十七（一九五二）年ごろは中心街の体裁が整い始めていました。

銀行も罹災店舗の復興から戦後が始まります。こちらもバラック建ての復旧でした。出張所と出張員詰所の新設も相次ぎます。昭和二十一〜二十二年に計四カ所の出張所が新設され、出張員詰所も昭和二十一年五カ店、二十二年五カ店、二十三年七カ店、二十四年十九カ店と整備が進みました。しかし経済変動はめまぐるしく、その影響で短期間に改廃の対象になった出張所や出張員詰所も少なくありません。

『鹿児島銀行百年史』は戦後の地方銀行の状況について「戦時中の銀行合同と戦後の業務推進に伴い、経営規模は著しく拡大するとともに経営内容も充実し、経営の自主、独立性は強化された。しかし、他方では相互銀行や信用金庫など新たな中小企業金融機関が抬頭し、都市銀行も相次いで地方都市へ進出したので、地方銀行はこれら金融機関と競合し、経営環境は一段ときびしさを加えてきた」と記しています。

鹿児島興業銀行入行に伴い、生活の地はこの桜島から鹿児島に移る

そうした競合の時代にさしかかるころの入行でした。同期入行は二百人ぐらいいたと思います。半数以上は女性でした。鹿児島市内に二十店舗ほどあった出張所を、要員を伴う支店に昇格させるということもあり、大量採用があった年です。
銀行業務が実際のところどんなものか、私はまったく分かっていませんでした。それでも「銀行は経済界を動かしている」という認識はありました。だから「日本経済はこれから復興へと向かう。経済に関わる銀行はまさに成長産業ではないか」と漠然と考えていました。

一緒に入行した仲間の中には「特攻帰り」の人もいました。特攻隊時代の丈の長い靴を履いた勇ましい姿で、荒っぽい気性を感じさせる空気を持っていましたよ。戦時少年としてかつてあこがれた世界でしたから、懐かしい思いを抱いたものです。こうした人たちと、私の銀行マン生活が始まりました。

ヨイショと抱えた硬貨の集金袋

入行して最初に配属されたのは鹿児島市の上町支店です。四年勤めましたが、最初の二年は集金の仕事が主な業務でした。取引先からの入金をまとめて、金額などに間違いがないかを確認します。自転車で集金にも走り回りました。後半の二年は預金業務と為替業務の基礎を学んでいます。

支店の管轄区域には鹿児島駅があり、毎日集金に行きました。今は鹿児島中央駅が本駅ですが、当時は鹿児島駅が本駅で、駅を中心に商店が集積していて、とてもにぎやかでした。今は見る影もありませんがね。集金には若い人が交代で行きました。駅が扱うお金は

入行して初勤務した上町支店時代（左）

切符販売時に必要な十円や百円が多く、それらの硬貨で膨らんだ集金袋を抱えるときは「ヨイショ！」という感じでした。その重さが今も忘れられません。

銀行には半期ごとに普通預金の利息を計算する「積数計算」という仕事があります。「積数」は足し算をするという意味ですが、「毎日の最終残高×年金利」という計算式があり、その答えを利息支払日まで日割りで足していく。電卓もない時代のことで、計算は全部そろばんです。間違いは許されないし、とにかくこれが大変でした。

職場には旧制一高女（現鶴丸高校）や二高女（現甲南高校）を卒業した、出来の良い「お姉さん行員」が数人いましたが、彼女たちは学校で習わなかったのでそろばんができないわけです。だから、そろばんができた私のところに「教えてください」と来ていました。教えてと言われても、その場に及んでのことで、間に合いませんからね。結局、私が手伝ってあげていました。

このころのお姉さん行員の一人から最近いただいたお手紙がありますので、一部を紹介

しましょう。（原文のまま）

「岩元さんと上町支店で一緒にお仕事してから七十年は過ぎました。御一緒に仕事する迄、私ソロバンは駄目で、一冊の帳面の合計、二回入れると二回、三回入れると三回、合計が違って、割算も出来なくて、三十一日の月は月報出すのに筆算でして……。岩元さんが上町に来て下さってから、月末がアッと云う間に仕事が終った事、今まではっきり憶えています」

私も非常に思い出に残っている上町時代です。手伝ったお礼にと、まだ珍しかった喫茶店に連れて行ってもらっていました。

上町支店には私と同期入行の野田冴子さんも一緒に配属になりました。彼女も手伝ってほしいと、そろばんを持って来ていました。かわいい人で、いずれお話ししますが、そろばんの縁もあって私の妻になります。

第五章　変動する日本経済

昭和40年10月に開店した熊本支店

「もはや戦後ではない」と経済白書

昭和三十年度（一九五五年度）は「戦後経済最良の年」と言われました。成長の要因に挙げられたのは「国際収支の大幅黒字」「インフレなき経済の拡大」「オーバー・ローン（貸し出し超過）の著しい改善と金利の低下」です。この三つがそろったことで理想的な発展が得られました。国民所得は戦前の五割増、工業生産は戦前の二倍に達しました。

昭和三十一年度経済白書（経済企画庁編）は「日本経済の成長と近代化」と題し、短期間で成し遂げた経済成長を論述しています。高碕達之助・経企庁長官は序文で「戦後十年日本経済は目ざましい復興を遂げた。生産規模や国民生活がわずか十年にしてここまで回復すると予想したものは恐らく一人もあるまい」と述べています。

白書は、敗戦によって落ち込んだ谷が深かったことが、谷からはい上がる速度を速めたと言います。「消費者は常にもっと多く物を買おうと心掛け、企業者は常にもっと多く投資しようと待ち構えていた」。それが浮揚力になったという解説です。

「もはや戦後ではない。われわれはいまやことなった事態に当面しようとしている。回復を通じての成長は終わった。今後の成長は近代化によって支えられる」

戦後経済を語るときにしばしば引用される三十一年度白書のさわりです。

「日本経済はこの頃を境に戦後復興の過程を終え、近代化が進むなかで輸出、技術革新を体化した活発な民間投資、旺盛な消費需要に支えられた高度成長の時代へと入っていくこととなる」（土志田征一編『経済白書で読む戦後日本経済の歩み』）

その昭和三十一年、私は上町支店から本店営業部へ異動になります。営業部には昭和四十年まで九年間いて、出納課、預金課、為替課、融資課と歩きました。

出納課は現金を扱う仕事です。本店には窓口が十五ぐらいあり、午後三時で締めたら、お客さんから受け取った集金分を各窓口から出納課に持って来ます。為替・普通預金・定期預金・税金関係、すべてです。それを十人から十五人の担当者でまとめます。毎晩十時より早く帰ったことはありません。

年が終わる大晦日はまた特別に大変でした。デパートへの集金は除夜の鐘が鳴ってから

照国神社の大鳥居

出かけます。集金が帰って来ると、このときは出納課だけではなく、本店営業部員が総がかりで手分けして数えます。鹿児島信用金庫からもまとまったお金が来るので、それも数える。そんな具合で、作業は一月一日の未明まで続きました。帰りは照国神社で初詣のお参りをして、それから帰宅したものです。

本店営業部勤務から熊本支店へ

銀行の主な収益源の一つは預金と融資の利ザヤです。預かったお金を、必要な人に貸し出し、預金金利と貸出金利の差益で事業を営む。そういうことで預金と融資は銀行業務の大きな部門になります。預金課では、普通預金の出し入れと、定期預金の新規契約および解約の業務に当たりました。

昭和三十年代から四十年代にかけての高度成長期は人口の都市集中が全国的に進みまし

た。鹿児島県も同様で、特に鹿児島市とその周辺部で宅地開発のための土地売買が盛んになります。そこには大きなお金が動くわけですから、銀行にとっては預金者を獲得するチャンスです。どこの金融機関も土地代金を集めようと必死でした。

まず土地を売った地主さんを探すことから始まります。そのために開発業者から土地所有者の名簿を提供してもらい、地主さんと接触できたら「預金をしてください」とお願いします。口座が普通預金であれば利回りのいい定期預金に振り替えていただく。それが仕事でした。普通預金だと、お金はどこに流れるか分かりませんからね。

一山そっくり造成するような大型開発のときは地主さんの数も数百人ぐらいにのぼることがありました。銀行も職員を動員して、土曜も日曜もなかったですよ。銀行を挙げて一生懸命に取り組んだものです。

熊本城の天守閣。熊本支店はこの近くにある

預金を集めさえすれば、借り手はいくらでもいました。戦後復興もあっていろんな業界が盛んだったし、特に建設業関連が旺盛でした。建設業が伸びれば、それがまた建設資材業者、コンクリート業者

……というように波及していきます。どんどん大きくなっていくので、膨大な金が要るわけですよ。そんな状況でした。

地方支店の場合、預金を集めても大口の貸出先がないときがあります。そういう場合は本店に預金を集めて融通するようなこともありました。

次は為替課でした。為替というのは振込送金や債権・債務の処理を現金ではなく、手形や小切手などを使って決済する方法です。ここは一年ほどでした。

続く融資課は「お金を貸してください」と申し出られるお客さんに対応して、融資をするかしないかの判断を下す業務です。上司の課長代理と相談しながら、だいたい六割から七割は自分で判断ができました。最後は課長の決裁になります。この融資課時代、企業の決算書の見方と「人を見るコツ」を覚えたと思います。

本店営業部で仕事をした九年間は、金融業務の全般を理解し、責任を持って事に当たる銀行マンとしての自分を確立する期間でした。ここでひとまず区切りがつき、昭和四十(一九六五)年十月、新しく開設した熊本支店勤務になります。肩書は「熊本支店店内代理」。一般の会社でいえば係長職でしょうかね。業務は融資部門を担う立場で、本店融資課時代に培ったものが役立ちました。「銀行の融資担当者は取引先から床の間に座らせられる」と言われた時代は過ぎたころでしたが、それでも大事にしてもらいました。

神武、岩戸、いざなぎ景気

「景気循環」という経済用語があります。周期的に訪れる景気の波のことです。景気の底を「谷」、景気のピークを「山」と表し、ある期間の「谷」→「山」→「谷」の変動を「一循環」と捉えます。昭和三十年代半ばから五十年代までの一連の「循環」を、『時系列でみる景気・相場大事典』(大和総研編)を基に振り返っておきます。

▼昭和三十三年六月(谷)→三十六年十二月(山)→三十七年十月(谷)＝日本経済は昭和三十三(一九五八)年六月を底に拡大を始めました。この景気拡大は「神武景気」(昭和二十九年～三十二年)を上回って四十二カ月間続き、天の岩戸神話にちなんで「岩戸景気」と呼ばれました。

昭和三十四年に始まった貿易自由化の流れに「国民所得倍増計画」のアナウンス効果も加わり、企業の投資意欲はさらにかきたてられました。世界でも最新鋭の技術、設備の導入が進み、設備投資は大規模なものとなります。

国際競争力の強化や合理化を目的とした設備の近代化と大型化が進み、大量生産の体制も徐々に確立していきます。その量産体制の確立が大量消費社会の形成を促し、電気製品や自動車などの耐久消費財を中心に消費ブームを起こしました。

▼昭和三十七年十月（谷）→三十九年十月（山）→四十年十月（谷）＝昭和三十八（一九六三）年ごろの景気拡大の特色は、翌三十九年に開催される東京オリンピックを控え、公共投資を中心に建設投資が活発に行われたことにあります。しかし、この「オリンピック景気」と呼ばれた景気拡大は、設備投資にいま一つ盛り上がりを欠き、「好況感なき好況」などと言われました。

景気変動の影響を受ける都市（鹿児島駅周辺）

景気拡大に伴って輸入が急増し、国際収支が赤字基調で推移するなか、ケネディ米大統領によるドル防衛策の発表もあり、国際収支のさらなる悪化が懸念されました。金融政策は引き締め政策に転換され、オリンピックの終了とともに景気後退が始まります。

▼昭和四十年十月（谷）→四十五年七月（山）→四十六年十二月（谷）＝昭和四十（一九

六五）年不況からの脱出のきっかけとなったのは、戦後初の赤字国債発行を中心とする積極的な財政政策への転換でした。この財政政策の効果と輸出の好調によって四十年十月を底に景気は回復に向かいます。

四十一年に入ると設備投資も急増し、本格的な景気拡大になりました。今回の景気拡大は戦後最長の五十七カ月間持続し、「神武景気」と「岩戸景気」を超える有史以来の好況という意味から「いざなぎ景気」と名づけられました。「いざなぎ」は日本列島の生みの親とされる神です。

景気回復の主役は民間設備投資と個人消費の持続的な拡大でした。この期間の設備投資の伸び（実質）を年率に換算すると、実に約二五％にもなります。一方、個人消費も「3C（カー、クーラー、カラーテレビ）」を中心に高い伸びを続け、生活水準も高まり、「昭和元禄」などとも表現されました。

ニクソン・ショックと石油危機

▼昭和四十六年十二月（谷）→四十八年十一月（山）→五十年三月（谷）＝昭和四十六

（一九七一）年から四十八年にかけての二年間は国際通貨体制が激動した時期でした。国際収支の悪化に苦しむ米国のニクソン大統領は四十六年八月、ドルと金（ゴールド）の交換を停止するドル防衛策を発表します。「ニクソン・ショック」です。ドルを基軸通貨とする世界の固定相場制はいったん終わりを告げます。「ドル・ショック」ともいわれます。

日本円は二十年以上続いた一ドル＝三六〇円レートから変動相場制に移行します。その後、ワシントン市のスミソニアン博物館で行われた会合で新たな固定為替レートへ復帰する国際合意（スミソニアン合意）が成り、一ドル＝三〇八円への切り上げが決まりました。しかし世界の貿易不均衡や通貨不安は収まらず、四十八年一月に日本円などの主要通貨は変動相場制に移行しました。

車の普及は消費行動圏を広げた
（鹿児島中央駅前）

この間の四十七年七月、「日本列島改造論」を掲げた田中角栄内閣が発足します。交通網や通信ネットワークの拡充などを通して産業の地方分散を進め、地域ごとの生活水準を平準化しながら高度成長を持続させようというのが列島改造政策でした。

財政金融の緩和政策は通貨供給量の過剰状態（過剰流動性）を生み、物価の高騰を招きました。政府は公定歩合引き上げなどの引き締め策に転じますが、過剰流動性インフレは続きます。

四十八年十月には第四次中東戦争が起きます。ＯＰＥＣ（石油輸出国機構）が原油の供給制限と輸出価格の大幅な引き上げを行い、国際原油価格は三カ月で約四倍に高騰しました。日本経済が大打撃を受けた第一次石油危機です。物価はさらに高騰し、国際収支は大幅赤字に転落しました。景気も急速に下降します。

「重厚長大」から「軽薄短小」へ

▼昭和五十年三月（谷）→五十二年一月（山）→五十二年十月（谷）＝昭和四十九年度（一九七四年度）は景気、物価、国際収支のいずれも最悪状態でした。実質ＧＮＰ（国民総生産）は戦後唯一のマイナス成長を記録し、経常収支は大幅な赤字に転落します。物価も「狂乱物価」といわれる異常な高騰を示しました。

政府が物価安定を最重要視し、強力な総需要抑制政策をとった結果、卸売物価は昭和五十年半ば、消費者物価は五十年末には一応落ち着きを取り戻し、国際収支についても五十一年には黒字化します。半面、景気回復の足取りは鈍いものになりました。

為替相場は五十年十二月に一ドル＝三〇五円（月中平均）であったものが、五十三年十月のピーク時には一ドル＝一七六円までほぼ一本調子で上昇しました。このため輸出の増勢が止まり、鉱工業生産も軟調に推移したため、景気は下降を始めます。

▼昭和五十二年十月（谷）→五十五年二月（山）→五十八年二月（谷）＝第一次石油危機以降、五年の歳月を経て、わが国経済も景気の自律回復の環境が整いつつありましたが、昭和五十四（一九七九）年一月、イラン政変をきっかけに第二次石油危機が発生します。原油価格が昭和五十三年末の一バレル当たり一二ドル七〇セントから五十六年末の三四ドルに段階的に引き上げられました。世界の石油消費国は再び景気後退、物価の高騰、国際収支の悪化に悩まされますが、日本は輸入インフレへの政策の対応が機動的に行われたこともあり、消費者物価の上昇率（前年比）はピーク時にも一〇％にはいたりませんでした。

この景気後退局面では個人消費や住宅投資が大きく落ち込んだのに対し、民間設備投資が堅調に推移しました。ＩＣ（集積回路）を中心とするエレクトロニクス技術の発達と、企業の減量経営、省資源・省エネルギー化への意欲が相まって、省資源・省エネルギー投資が底堅く行われたことによります。

長い目で見ると、それは日本の産業構造が重厚長大型（鉄鋼や造船に代表される重化学工業）から軽薄短小型（エレクトロニクスなどのハイテク産業）に大きく変化する兆しの表れでした。しかし経済全体を底上げする力はまだ乏しく、経済回復のテンポは緩慢にとどまっています。

格差を是正し、均衡ある発展を

政府が「国民の生活水準を大幅に引き上げる」として昭和三十五（一九六〇）年十二月に決定した国民所得倍増計画は、農業と非農業間、大企業と中小企業間、地域相互間、所得階層間の格差是正に努め、均衡ある発展を目指すことを掲げました。

この政府計画について『鹿児島県史』は「後進的農業県として農漁民・零細商工業者を多くかかえ、地域格差の拡大を懸念する本県民としては、この所得倍増計画に大なり小なり期待をかけたのであった」と述べています。

県も同時期に経済振興計画を策定し、全国水準との格差を縮小するための施策を発表します。基本目標に掲げたのは昭和三十六年度から七年間を対象期間として、年平均七・六四％（三十三年度基準）の経済成長を維持育成すること、四十二年度に労働力人口の就業割合を九九・二％まで向上させること、県民一人当たりの所得水準を全国平均水準の約六一％（三十三年）から七四％程度にまで高めることでした。

計画推進に当たって重点を置いたのは、農業生産力の充実向上、畜産・果実生産の飛躍的向上、中小企業の育成、観光事業の振興（とくに観光ルートの確立）などでした。

この時期の鹿児島県農業は、生産基盤の整備と食品需要の変化を受けて、園芸と畜産部門が大きく成長しています。その半面、米の生産調整や輸入自由化の影響で、米、甘藷、サトウキビなどの生産が減退し、全体的な農業生産量は伸び悩みました。それに農産物価格の低迷が加わり、農業生産額の伸びは他産業に比べて遅れを取ります。

『鹿児島銀行百年史』は農業県の構造変化を次のようにまとめています。

「高度成長の過程で、産業立地は京浜、阪神などの大都市あるいは太平洋ベルト地帯への集中を高めたので、これら先進地域では若年労働力を中心に人口が集中し、過密都市が出現した。これに対して、後進地域では人口流出が著しく、農業部門では労働力の高齢化、婦女子化が進んだ。しかし、農村労働力の不足は、一方において農業技術の発達や機械化を促した。そして農産物の選択的拡大が進んで農業生産は増大したが、他方では兼業化、脱農化も進んだ」

このような変動期にあって、鹿児島県の人口（国勢調査）は昭和三十年＝二〇四万四一一二人▼三十五年＝一九六万三一〇四人▼四十年＝一八五万三五四一人▼四十五年＝一七二万九一五〇人▼五十年＝一七二万三九〇二人――と推移しています。その後、人口増に転じた時期もありますが、再び減少して現在は一六〇万人を割り、全国に先駆けて過疎化が進行しました。

鹿児島市への人口流入は住宅ブームを生んだ（高見橋から上流を望む）

しかし、県全域的な過疎化の一方で、鹿児島市への人口の一極集中は急速に進み、核家族化による世帯数の増加もあって、鹿児島市の住宅不足が顕著になります。昭和四十一年度末の住宅不足数は推定約三万九千戸にのぼりました。このため市営住宅建設や住宅供給公社による分譲住宅の建設、宅地造成が急がれることになり、宅地開発ブームを呼んでいきます。集中的な宅地分譲が地価急騰の引き金になるという、他の大都市域でみられたのと同様の現象です。

すでに世間は「土地さえ買っておけば将来は心配ない」という風潮で、日本全国、「土地神話」の土台が出来上がっていました。

預金一千億円アタック作戦

いざなぎ景気にあった昭和四十二（一九六七）年十一月、鹿児島銀行は念願の「預金一千億円」を達成します。三十年代初頭から始まった預金増強運動の取り組みの結果です。

鹿児島銀行は昭和二十年代末、預金の増加率が鈍り、収支基調が悪化しました。不振挽回のため三十一年に入ると中堅行員を対象に預金増強策を募ります。さらに支店長会議で勝田信頭取が「運用資金を増やすための預金増強運動を大々的に展開しなければならない」と努力を訴えました。預金増強へ組織の拡充、新種預金の導入、顧客の組織化などを図ります。

こうした取り組みにもかかわらず成果はなかなか表れません。「預金不振の背景をみると、外部要因としてはまず本県経済基盤の脆弱性が挙げられる。三十年代のわが国経済は重化学工業を中心に高度成長を遂げたが、本県は高度成長から取り残され、三十年代前半には全国との所得格差はかえって拡大し、これが貯蓄余力にも反映した」と『鹿児島銀行百年史』は分析しています。

そこで打ち出したのが「大衆化路線」の強化でした。その一つが三十六年八月に売り出した「成長プラン預金」（旅行や住宅などの目的預金）です。これは「成長プラン融資制度」（消費者金融）を付加した点が新味でした。同様に「ピアノローン」「自動車ローン」「電化ローン」の消費者金融を始めます。電気、ガス、水道料金、NHK受信料の口座振替業務も積極的に推進しました。

熊本支店勤務から本店に戻る

大衆向け商品や口座振替業務を足場にした取引は、対象を婦人層やサラリーマン層にまで拡大することになり、地域密着を確かなものにしました。得意先係を増強し、渉外活動にオートバイやスクーターを導入して機動力を強化します。三十七年ごろからは全店に軽四輪車を配備しており、遠隔地の顧客開拓も進みました。

金融機関の預金獲得競争が激化していた時代です。このような努力で三十八年下期に五百億円、四十年下期末に七百億円、そして四十一年から展開した「総預金一千億円アタック作戦」で一千億円の大台を達成したのでした。

私はその時期、熊本支店に融資専任職として籍を置いていました。開設したばかりの当時の店舗は熊本市下通一丁目にありました。鹿児島市でいえば天文館に相当する繁華街です。すぐ近くに西南戦争の戦場になった熊本城があります。

熊本生活もやがて四年になろうとしていた四十四年六月、東京の地方銀行会館で開催される中小企業コンサルタント講座に派遣されました。全国地方銀行協会（地銀協）が主催する中小企業経営指導の基礎講座で、大学の専門の教官が交代で決算書分析などの講義をしてくれます。これに全国の地銀から行員が派遣されていました。

二カ月間の講座が終わった八月、銀行から「本店に帰れ」という連絡が来ました。もらった辞令は「審査部調査役」。私は三十五歳でした。ここから本店融資課長→融資部次長→審査部長→営業本部法人部長→営業統括部長とたどる話になります。

第六章　使命感を持って働く

鹿児島の街を熱くする「おはら祭」

企業と働く人を生かす銀行融資

経営資金を融資してもらいたいと相談にみえる業者に適切な助言をするのは融資担当者の仕事です。業者には決算書（貸借対照表、損益計算書など）を見せてもらいます。貸借対照表では会社が持っている資産の内容が分かります。負債はどのくらいあるか、自己資本（純資産）はどれほどか、などです。

損益計算書は一年間の会社の業績が表れます。売上総利益、営業利益、経常利益、税引前当期純利益、当期純利益が順番に書かれています。売上総利益は売上高から売上原価を差し引いた粗利益です。営業利益は売上総利益から販売費を引いた本業の利益です。経常利益と税引前当期純利益はまたそれぞれの計算式があります。最後の当期純利益は最終利益を示します。

決算書の点検は記載順とは逆に、一番下の当期純利益から項目を上へたどっていきます。マイナスかプラスか。規模に応じた利益か。借入金の支払利息は一定ライン（当時でいえば借入金の一〇％以内程度）に収まっているか。高利貸は入っていないか。そういったことを確かめます。融資を受けようと作られた決算書ですから、銀行としては「正しい内容か」という観点でいろいろ尋ねることになります。

経営の実際を聞き出すには質問に工夫が要ります。確かめるべき数字内容を直接探るのではなく、雑談のなかで例えば従業員の数や人件費の話などをしていると、決算書に反映していない数字が出てきたりすることがあります。そんなことで説明につじつまが合わなくなり、決算書の「粉飾」が明らかになるわけです。

どうしても融資が難しいと判断した場合、最終的には「自主清算するか、飯が食えるうちに転換するか」という話になります。選択が決まったら、経営者一族や従業員の生活の道が立つように銀行として知恵を絞り、協力します。苦境にあった運送会社の例では、担保設定を外して身軽にし、従業員たちが新会社を設立して従来の事業を継続できるように運んだケースがあります。事業は軌道に乗っています。

また、天文館で土地の処分が宙に浮いていた「片担保」の物件について、関係者の同意

多くの人出でにぎわう鹿児島市の天文館

が得られて解決した事例もあります。関係者というのは、売却処分を望んでいる土地所有者と、その土地に建物を持って事業を営んでいる人と、建物を担保設定している金融機関の三者です。土地所有者は「地上権の方が強いから」というので苦慮していました。

関係する金融機関は鹿児島銀行とは別の銀行でしたが、相談を受けた私は建物の所有者に会い、「現状のままでは土地価格はゼロに等しい。土地と建物が一体になれば一等地だから高い評価が出る。鹿児島銀行が土地資金を融資するので土地を購入してはどうですか」と提案しました。すると理解が得られ、他の関係者も了解したことで売買話は片付きました。天文館のにぎわいの一角になっています。

またあるとき、赤字が続いていたある百貨店から「先行きが見込めない」と相談を持ち込まれました。話を聞き、銀行として提示した選択肢は「中央の大手デパートに身売りするか、業態を転換するか」でした。商社に仲介を頼んだ「身売り」の話はうまくいかず、ファッションビルに転換することでまとまりました。

そこで百貨店にはまず従業員用の女子寮を処分してもらい、負債を清算しました。そのうえで店舗ビルのテナントを全部入れ替え、各フロアに婦人洋品の店がズラッと並ぶファッションビルに改めました。店舗は現在、地域の核になっています。銀行は転換後の事業が軌道に乗るまで繫ぎ資金を出して協力しました。

このように変革を決断し、実行できた事業主とその従業員グループがある一方、銀行その他の支援を受けて決断はしたものの、実行することなく倒産した企業もあります。経営者は都合の良いことも悪いことも自ら決断しなければならない。その決断について、なかには反対する者もいるだろうし、実行には身を切る思いをしなければならないこともあります。それでも人を動かし、実行していく力がなければ何も動きません。

バブルが生んだ異常な投機熱

審査部は融資案件について、当該融資が妥当かどうかを判断する部署です。融資には各支店長権限の枠があり、支店の規模などによって一件当たり三〇〇万円までとか五〇〇万円までといった上限が設けられています。上限を超える案件はすべて審査部に上がってきますから、それに対処するわけです。私の銀行員生活のなかで最も仕事をした時期になります。

審査部時代の日本経済を特徴づけた事件は「バブル経済の形成と崩壊」でした。それにまつわる話の土俵として、当時の社会状況をまず述べておきましょう。

昭和六十（一九八五）年九月二十二日、ニューヨークのプラザホテルで先進五カ国（G5）蔵相・中央銀行総裁会議が開催されました。当時、米国は貿易赤字と財政赤字の拡大に苦しんでおり、ドルの価値が揺らいでいました。国際通貨制度が混乱した四十六年のドル・ショックの再来を恐れた各国は、行き過ぎたドル高を是正するため外国為替市場に協調介入することで合意します。「プラザ合意」です。

その結果、急速なドル高修正が始まり、円ドル・レートは一ドル＝二四〇円前後で推移していたのが、一年後には一ドル＝一六〇円前後にまで上昇しました。日本は輸出が大きな打撃を受け、「円高不況」に見舞われます。政府は打開策として民間住宅投資、都市開発の促進、個人消費の喚起、公共事業の拡大を実施し、日銀も内需拡大を図って大幅な金融緩和を行いました。日本経済は超低金利時代に入ります。

こうした政策により、国内に出回るお金の量（通貨供給量）が二桁台のペースで増加していきました。「金余り」と呼ばれた現象です。過剰になった通貨は株式や不動産投資に向けられ、株価や地価が実体から掛け離れて異常に高騰します。それに支えられる形で他の産業にも活況が波及し、バブル経済が発生しました。

地価上昇の始まりは東京の商業地が中心でした。都心部の地価の著しい値上がりで、郊外地域の住宅地化が一気に進みます。地価は上がり続けるという「土地神話」に取りつかれ、企業が投機的な土地取引にのめり込んでいった様相が浮かびます。全国の都市部でも同様の現象が出現しました。

鹿児島市もバブルと無縁ではなかった

「地価の上昇はそれ自体が担保価値の上昇となり、金融機関の融資を容易にし、その資金供給が値上がり期待に基づいて株式や土地の購入資金となり、株価・地価の上昇に寄与していった。ドル高修正とそれにともなう超金融緩和は、金融機関の資金調達をも容易にし、資産価値の著しい上昇期待を実現させ、資産バブルを形成していった」

土志田征一編『経済白書で読む戦後日本経済の歩み』はそう解

説します。

急速に進んだ円高とバブル経済によって生まれた「ジャパンマネー」は世界を震撼させます。家電大手のソニーが平成元（一九八九）年、ハリウッドの映画会社「コロンビア・ピクチャーズ」を三四億ドル（当時の為替レートで四八〇〇億円）で買収しました。コロンビアが抱えていた負債分を含めると四八億ドルにものぼる巨額買収劇でした。

コロンビアは「戦場にかける橋」「愛情物語」「ナバロンの要塞」「追憶」「アラビアのロレンス」「未知との遭遇」など数々の名作・話題作を製作したハリウッドの名門です。米国文化そのものだった映画産業が日本企業に買収されたことは米国人に衝撃を与え、日米経済摩擦の火種にもなりました。

コロンビアの買収に続き、三菱地所によるニューヨークの「ロックフェラーセンター」の買収、松下電器産業（現パナソニック）によるMCA（映画製作会社）の買収など、ジャパンマネーの勢いはとどまるところを知らず、「日本企業のアメリカ買い」という言葉を生んで報じられました。時代を象徴する出来事として忘れられません。

米国の銀行視察で得た収穫

バブル下の地価の暴騰は無茶苦茶でした。天文館の土地が一坪二〇〇万円から一週間後には二五〇万円になるといった具合でしたからね。一等地の天文館とは限らず、投機対象にされるような土地は一週間に坪十万円とか二十万円とか急テンポで値上がりしました。

そこで思い出されるのは、昭和四十二年から四十六年まで融資担当だった池田實成常務のことです。本格的なバブル以前でしたが、すでに土地神話は定着しており、池田常務は「銀行が金を貸すから土地の価格が上がるんだ」と口癖のように言っておられた。融資物件が土地投機用かどうかは関連資料を見れば分かるものです。ある支店長が池田常務に呼ばれ、叱責される場に居合わせたことがあります。池田常務は「これは土地投機用の融資ではないのか。なぜこんな融資を通すのか。断れ！」と厳しく言い渡していました。私も肝に銘じていました。

私のもとには都市銀行関係者から直接、融資申し入れの電話がかかってきたりもしました。仕事の上で接触のある関係でしたが、「東京で不動産業をやっている男がいる。五十億円貸してもらえないだろうか」といった類いの話です。すべて土地投機資金ですよ。桁が違います。融資話は正規のルートを通してもらいたいと言って断りました。そんな話が横行した時代でした。

ほぼ日本中が土地・株式の高騰に沸いていたときでしたからね。土地投機資金は融資しないと決断した銀行の方針は本当に間違っていなかったのか？

米国へ出張。「自由の女神」の前に立つ

――と考えることもありました。そんな折、全国地方銀行協会主催の「部店長アメリカ銀行業務視察団」に参加する機会を得ました。

視察団の目的は北米の主要六都市（ロサンゼルス、シカゴ、トロント、ニューヨーク、ダラス、サンフランシスコ）を歴訪し、金利の完全自由化が終わった米国金融界の経営政策など最新の情報に触れることでした。預金コストの上昇とインフレの悪化で銀行の利益率が下がり、生き残りに必死の営業努力が行われていた時期で、各都市の銀行など関係者の話には参考になるところが少なくありませんでした。

米国の土地評価基準について説明があったときです。私は銀行の担当者に「貸出の担保として土地はどのように評価していますか」と尋ねました。日本では売買実績がその土地の評価の基準になります。ところが担当者の答えは「土地は評価の対象になりません。その土地に建物を建て、賃料収入がどれぐらいになるかで評価します」というものでした。

私は日本との違いに驚きましたが、倍々ゲームで土地が高騰する日本の現状はおかしいと思っていたところにこの話を聞き、改めて土地投機に対する私の姿勢は間違っていないと確信が持てました。

こんな銀行はないと言われて……

銀行には当時、大蔵省の「大蔵検査」と日本銀行の「日銀考査」が隔年で入っていました。平成十（一九九八）年に金融庁設置法が公布され、大蔵検査は「金融検査」に変わり、形も今は少し変わっていますが、当時も今も金融システムの信用維持を目的とした立ち入り調査であることは同じです。

バブルの絶頂期の話です。大蔵検査でも日銀考査でも、鹿児島銀行の土地融資が少ないことに「どうして?」と指摘が出ました。「他の銀行は年二〇～三〇%伸ばしている。これだけ経済が発展しているのに、鹿銀はどうして一二〜一三％ですか。こんな銀行はないよ。もう少し融資したらどうです」と言われました。私は「鹿児島銀行は事業に使う土地の資金は融資しますが、投機目的の不動産融資はしません」と言って通しました。

審査部内でも「当行はそういう方針でずっとやってきた。そういう血が審査部にはずっと流れているのだ。自分も若いころ、そう習った。だから審査課長は細かく審査しろ」と指示し、営業店から大量に届く報告書のチェックを徹底させました。

大蔵省は平成二（一九九〇）年三月、「土地関連融資の抑制について」という銀行局長通達を出します。通達は不動産向け融資の伸び率について、貸出全体の伸び率を下回るよう金融機関に求めました。行き過ぎた不動産価格の高騰を鎮静化させるための行政指導です。「不動産融資総量規制」といわれます。

多くの銀行は資産バブルが崩壊しても価格はまた戻ると楽観的でした。しかし鹿児島銀行は大野芳雄営業本部長（のち頭取、会長）が「実需に基づかない都市部の融資は全部引き揚げろ」と引き揚げさせました。競争相手の都市銀行は融資を続けており、東京や大阪の支店からは反対もありましたが、二千億円近く引き揚げました。対応が早くて正解でした。

「資産価格が下落基調に転じたことが明らかになると、資産価格の値上がり期待を前提

とした投機的需要は急速に剥落し、一挙に需給バランスが崩れ、資産価格はさらに下落してバブルは崩壊した」（経済白書）

「バブルの崩壊により、地価や株価等が暴落、金融機関からの借入金で土地や株式等への投資資金を調達していた先には、多額の負債が残った。同時に、資金を融資していた金融機関も、取引先の破綻や担保不動産価格の下落により、巨額の不良債権を抱え込み、不良債権問題の解決が経営上の大きな課題となった」（鹿児島銀行刊『一二〇年のあゆみ』）

事務の近代化を掲載した『鹿児島銀行百年史』

回収困難な不良債権を抱えた金融機関は大きな打撃を受けますが、鹿児島銀行はバブル後遺症とは無縁でした。土地関連融資の規制が始まって以降、銀行は三カ月に一度、土地資金の内容説明のため大蔵省に呼ばれました。私も担当者として出向きましたが、検査官から「徹底して土地投機融資を行っていなかったのは鹿児島銀行など数行でした」と言われました。

「語り継ぎたい日本の経営と文化」をテーマに、企業家たちへのインタビューで構成した『矜持あるひとびと』（金融財政事情研究会発行）という書物があります。そこに鹿児島銀行頭取と会長を歴任した永田文治さんが登場し、バブル時代を回顧して「大野会長（当時）、岩元さんの二人がいたから、不良債権を抱え込まずにすんだのです。この二つの英断があったから、いまの当行があるのです」と語っておられますが、それは以上のことを指しています。

額に汗した審査部時代の仲間たち

バブルのころはいろいろな業界がどんどん変わっていきました。時の情勢についていけなかった業界では、例えば衣料品の卸商はしぼんでいく、本屋さんは次々になくなっていく、といった状況でした。

私が審査部長になった翌年の昭和六十一（一九八六）年、鹿児島銀行専用の信用保証制度として「㊎保証」（マルシン保証）を創設しました。「三千万円まで無担保、無保証」の条件で、県信用保証協会の保証が取り付けられたら担保がなくても融資をするという制度です。

もともと融資には不動産担保を取るのが普通でしたから、たとえ見込みのある経営者であっても、不動産担保がないために銀行からの融資が受けられないことがありました。新制度はそのような経営者にとって朗報であり、また優秀な経営者に資金を貸し出せることは信用保証協会にとっても銀行にとっても非常に有益なことです。

実施に際しては、審査部の地域担当審査調査役が営業店ごとに安全で返済に問題のない企業を選び、保証協会と事前協議して内諾を得たうえ、営業店に通知し、取引先と交渉に当たらせるという段階を踏みました。(審)保証は取引先と銀行の双方に利点があることから順調に定着します。おかげで鹿児島銀行の保証残高も保証協会の保証率の伸び率も最高を記録し、業界で話題になりました。

行内の研修会で（営業本部法人部長のころ）

保証協会との間では「一〇〇件中に二件でも不良債権を出したら制度を中止する」という厳格な取り決めがなされました。融資希望の企業については決算書審査、会社訪問、経営者面談を行い、「この企業、この人なら大丈夫」と確信を持ったうえで融資をしました。私の審査部長時代は一件の不良債権も出していません。

忙しい一日が終わると、職場の若い行員たちと夜の街へ飲みに行きました。といっても私はアルコールは全く駄目。一滴も飲めません。だから割り勘要員でしたが、楽しいくつろぎの時間を過ごしました。懐かしい思い出です。

当時の仕事仲間とは今も時折会う機会があります。一昨年（令和四年）の暮れには、私が数え年九十の卒寿を迎えたというので、審査部時代に一緒に働いた同志の永田文治さんが「お祝いしましょう」と音頭を取って城山ホテル鹿児島（現在の「SHIROYAMA HOTEL kagoshima」）で「卒寿の祝い」をしてくれました。顔ぶれは永田さん、前田俊広さん、東清三郎さん、重留伸哉さんでした。

永田さんは前項の「こんな銀行はないと言われて……」で触れた元頭取ですが、審査部で私と一緒の時期は審査課長でした。理論に強く、弁が立ち、的を射た質問をされる。鶴丸城の御楼門復元では寄付金集めに汗を流されました。

永田さんは先年、南日本新聞に掲載されたインタビュー連載「あの時、私は」に登場し、鹿児島銀行の「アグリクラスター構想」と、同構想の実践による地域産業への貢献を力説されていました。アグリクラスターというのは、農業を中心とした関連産業の集まりを指すという氏の造語で、鹿児島の基幹産業である農業への融資を増やし、裾野の広い関連産業の振興と近代化に努めたという話でした。

また、頭取就任前後に取り組んだ仕事で、多額の負債を抱えて経営が悪化していた城山観光株式会社を再建し、鹿児島の観光のシンボルである同社の城山観光ホテル（当時）を地元にとどめた経緯も話されていた。大変なご苦労だったと思います。

前田さんは私が審査部長時代の課長代理でした。実務に強く、実直で真面目な人です。現在は鹿児島テレビ放送（ＫＴＳ）の社長を務めておられます。

東さんは鹿児島銀行従業員組合の執行委員長を務められました。若い人をまとめるのが上手です。社員を大事にすることを大前提に話をされる。今は城山観光株式会社の会長です。

重留さんは仕事熱心でした。真面目な方です。昨年まで城山観光株式会社の専務をされていました。

卒寿祝いの席は旧交を温める場になり、銀行時代の話や近年の経済界の動向などにも話が及んで盛り上がりました。

厳しかった塚本頭取との思い出

既に述べたように、鹿児島銀行は昭和十九（一九四四）年に三行の対等合併で誕生しました。高コスト体質でスタートした新銀行の状況を、『戦後日本の地域金融——バンカーたちの挑戦』（日本経済評論社）は次のように書いています。

「一九四四年二月の三行合併の斡旋に当たった若命又男（日本銀行初代鹿児島支店長）は、行内の統合をスムーズに行うため、頭取を外部から招くことを提案した。白羽の矢が立ったのは、かつて日銀熊本支店長を務め、当時日銀国庫局長（参事）だった勝田信である」

合併前の創業銀行時代にまでさかのぼると勝田さんは第八代の頭取になります。以降、日銀出身の頭取が続き、昭和三十五（一九六〇）年に就任した第九代は鷹野孝徳さんです。「戦後ながらく業績低迷に苦しんでいた鹿児島銀行は、鷹野の頭取時代にようやく苦境を脱し、経営の基礎を築くことができた」（『戦後日本の地域金融』）と語られています。

次の第十代は塚本相次良さんで、創業一〇〇周年を祝った昭和五十四（一九七九）年十二月に就任されました。鹿児島銀行刊『一二〇年のあゆみ』は塚本頭取時代の業績をこうつづっています。

「戦略部門である証券・国際・システム開発部門へ経営資源を重点的に配分した。鹿児島カード等グループ会社四社を設立し、経営の多角化を進めた。昭和六十二年九月に無担保転換社債一〇〇億円を発行し、自己資本の充実に努めた。なかでも特筆されることは鹿

児島県内を主に店舗網の拡充を図った」（要約）

私が審査部長時代の頭取が塚本さんです。「針の落ちた音でも情報として上げなさい」という表現で、密な連絡を求められました。気性の激しい人で、意に沿わないことがあると、会議中でもその場で会議を中止するということが何度もありました。承認を得る事案があり、稟議書《りんぎしょ》を作って説明に行ったところ説教を食う、といったことなどしょっちゅうでした。

取引企業の倒産に関する痛い思い出があります。仮にその企業をX社として、夜に入った時刻、担当の支店長から「X社が社員の給料を取りにこない」と連絡がありました。その日はX社の給料日で、普通なら「給料のお金がないから」と前もって相談にくるはずが、こなかったというのです。「それはおかしい。会社に乗り込みなさい」と指示し、待っていると「会社はもぬけの殻です」と報告がきました。倒産したのです。

メインバンクは別の銀行でしたが、鹿児島銀行も少なからず絡んでおり、粉飾決算の疑いがあるというので調べていた矢先でした。帳簿を見せるように何度も求めたけど応じないというので「貸出を一時ストップする」と判断していた段階でした。大型倒産です。頭取に報告を上げると、塚本さんは「前もって分からなかったのか」と、ものすごく怒られました。

この件で私は「管理不行き届き」として罰金五万円の譴責《けんせき》処分を受けます。私が審査部長になる前の時代からの取引でしたが、行内引き締めの意味もあり、誰かが責任を取らないといけなかったのだと思います。「譴責処分が出るのは何十年ぶりだろう」と言われました。約二百人の支店長並びに本部管理者が顔をそろえた支店長会で、壇上に上がって処分を受けました。

塚本さんは、はっきりした人でしたね。経営が行き詰まった取引企業を整理するか再建するかの判断にしても、優柔不断なトップが多いなか、決断が早かった。

一時体調を崩され、元気になられた後、小グループでリハビリを兼ねたゴルフ会を催していた時期があります。これには奥さんも加わっておられた。ゴルフ後は簡単な食事会になりましたが、塚本さんは所用で参加できないとき、気を遣って「会食の足しにしてください」と一万円が入った封筒を渡されていました。厳しかったけど人情味のある人でしたよ。

昭和五十八（一九八三）年に鹿児島銀行は預金一兆円を達成し、「一兆円銀行」の仲間入りをします。五年後の六十三年三月、塚本さんは頭取在職中に急逝されました。塚本さんの死去を受け、副頭取だった上田格さんが第十一代頭取に就任されます。鹿児島銀行として初めての生え抜きの頭取でした。

翌六十四年一月七日、昭和天皇崩御で時代は昭和から平成に移ります。この年（平成元年）六月、私は取締役に就任しました。四カ月後には鹿児島銀行が創業一一〇周年を迎えます。社会も私の身辺もめまぐるしく動いた節目の時期でした。

第二の人生への慌ただしい出立

平成元（一九八九）年版の経済白書（経済企画庁編著）が掲げた題名は「平成経済の門出と日本経済の新しい潮流」でした。書き出しはこうです。

「昭和の日本経済は、幾多の苦難があったとはいえ、それを乗り越え、総じてみれば、順調な発展をとげた。昭和の前半においては、世界恐慌などの厳しい国際環境の中で、困難な状況に直面し、結局、第二次世界大戦に突入したが、国民経済に大きな犠牲を残して終戦を迎えた」

以下、これまで述べてきたことと重複する部分がありますが、白書がまとめた戦後経済

業務視察でニューヨーク五番街へ（右が私）

の歩みを再録しておきます。（一部要約）

――終戦から昭和三十年までは戦後復興の時期であった。大戦による経済困難からの脱却を図るため、政府は①「経済安定本部」設置（二十一年）による傾斜生産方式の実施、②財閥解体、農地改革といった民主化政策の推進、③インフレ抑制のための緊縮財政（「ドッジ・ライン」）、④三六〇円レートの設定（二十三年）等相次ぐ政策を打ち出した。こうしたなかでわが経済は「朝鮮特需」もあり、戦前水準に向かって回復を続け、三十一年度経済白書では「もはや戦後ではない」と明言するまでに復興した――

――復興をとげた日本経済は、神武景気（三十年代前半）、岩戸景気（三十年代半ば）、いざなぎ景気（四十年代前半）と平均一〇％以上の高度成長をとげた。「所得倍増計画」の策定（三十五年）の下で、「投資が投資を呼ぶ」設備投資ブームと、三種の神器（洗濯機、テレビ、冷蔵庫）から3C（乗用車、カラーテレビ、クーラー）へという消費ブームがこれを支えた――

――四十年代後半以降、世界経済は国際通貨制度の動揺（四十六年「ニクソン・ショック」、四十八年変動相場制への移行）、二度にわたる石油危機（四十八年、五十三年）等から揺れ動き、日本経済もまた「列島改造ブーム」と「第一次石油危機」後の「狂乱物価」、貿易赤字転落、その後のスタグフレーション（景気停滞下の物価高）、構造不況業種の出現、大幅な財政赤字等さまざまな困難に直面した――

――しかし、日本経済は企業・家計の柔軟な対応によって合理化、省エネ化等産業構造の転換を進め、インフレを克服し、国際競争力を強めて持続的成長の基礎を再び築いた――

昭和二十七（一九五二）年に鹿児島興業銀行（現鹿児島銀行）に入行した私は、白書が語っている変動の激しい時代を融資専門で歩き通しました。わき目もふらず、変遷する地域経済に銀行マンとして関わった年月でした。深い感慨を覚えます。融資に関しては自分なりによく分かっているという自信を持っていました。

世の中が「イケイケどんどん」の時代だったバブルの絶頂期、いかに引き締めるかに苦心した昔日の思いは今も鮮明です。鹿児島県経済を担う企業経営者の方々と語り合う時間

新しい職場になった鹿児島共同倉庫

を持つことができ、多くの皆さんと交遊を結べたことは私の財産になっています。銀行人として信頼された故の機会であったことを思うと、鹿児島銀行には心から感謝しています。

取締役としての担当は「営業本部営業統括部長」でした。営業全般に全責任を持つ立場です。就任二年後の平成三年三月、上田頭取に呼ばれて行ったところ「鹿児島共同倉庫に社長として行ってください」と言われました。鹿児島共同倉庫は鹿児島銀行の関連会社で、社長は鹿銀OBが務めています。突然のことで驚きましたが、社長が健康上の理由で辞めなくてはならず、その後任にという話でした。

関連会社への転出はいわば組織の〝人事異動〟ですからね。「分かりました」と答えました。三月六日に共同倉庫の株主総会が予定されており、それが私の初仕事ということになります。五日まで銀行の仕事があって、その翌日です。こうして四十年近く勤めた銀行員生活は幕を下ろし、倉庫経営という「第二の人生」が慌ただしく幕を開けます。

第七章　多角化経営で新境地

鹿児島共同倉庫開業時の社章（左）

銀行の「倉庫部」から始まった

鹿児島共同倉庫（現社名は九州共同株式会社）については『鹿児島銀行百年史』にこうあります。

「鹿児島は南西諸島との交易物資や県内農産物の集散地で、明治初期から個人倉庫が多かったが、二十年代には倉庫不足が目立ってきた。このため第百四十七国立銀行（鹿児島銀行の前身）は海岸通り（現在の鹿児島市住吉町）にあった旧沖縄銀行の敷地と建物を買収して倉庫業兼営を始めた」

明治三十（一八九七）年に銀行が私立銀行（株式会社第百四十七銀行）に転換後、倉庫を増設し、明治末期には八棟を抱えるまでになりました。独立の営業倉庫に匹敵する規模です。

「本店での倉庫兼営が順調だったので、商品担保貸出の多かった沖縄、宮崎、都城でも倉

共同倉庫の米倉。壁面を社章が飾る

庫を取得し兼営を始めた。初めは担保品のみを取り扱う自家用倉庫だったが、規模拡大につれて担保商品だけでは満庫とならず、経営効率を高めるため、大正期に入って、営業倉庫的な動きも散見された」

このように、生い立ちは銀行の「倉庫部」でした。土地・建物は借金の担保にならなかった時代ですから、銀行はそれぞれ大きな倉庫を備え、担保として預かったコメ・ムギ・甘藷などを倉庫に保管していました。しかし倉庫業は銀行の収益にも貢献するというので事業化の動きが出てきたのです。「倉庫料八年千圓《円》位ニハ上リ」と記録にあります。

倉庫業者は物品の保管を依頼した寄託者の請求により「倉荷証券（倉庫証券）」を発行します。寄託者はその証券を担保に銀行からお金を借りていました。そうしたところ、銀行の兼業を大幅に制限する法律ができます。銀行は倉庫業や証券業を営んではならないという「銀証分離」の法律です。

「新銀行法の兼業禁止を目前にした大正十四年、大蔵省検査が行われ、倉庫を銀行所有から分離して単独会社とするよう指摘を受けた」(『鹿児島銀行百年史』)

こうして大正十四(一九二五)年十月三十日、鹿児島共同倉庫株式会社(以下「共同倉庫」)が発足します。銀行所有の倉庫を譲り受け、十二月に営業倉庫として開業しました。令和七(二〇二五)年に創業百年を迎えます。この間の社業の歩みは次の通りです。

昭和七年=農林省指定倉庫指定▼十三年=倉庫証券発行許可▼五十二年=農林省指定谷山サイロ建築▼六十二年=志布志サイロ建築、鉄骨造倉庫建築(志布志)▼平成二年=トランクルーム一号館建築▼三年=貨物軽自動車運送事業許可、トランクルーム認定(運輸省九州第一号〜三号)▼七年=第一種利用運送事業許可▼八年=本社社屋、トランクルーム二号館建築、NTTドコモパル南ふ頭店開店▼十年=産業廃棄物収集運搬業許可▼十一年=トランクルーム三号館・四号館建築、ペーパーリサイクルセンター建築

トランクルームは文書・磁気テープ・家財・毛皮・洋服・美術品などを定温・定湿で保管する施設です。機密を保持するプライベートBOXもあります。普通倉庫ではコメ・ムギ・豆類などの物流商品を保管します。この他、飼料副原料を保管するサイロを谷山と志布志に設備しています。一般貨物運送業、一般・産業廃棄物収集運搬業、一般廃棄物処理業(ペーパーリサイクル)、情報抹消事業、整理収納サービス、不用品・機密情報処分も共

同倉庫の事業になりました。

トランクルームを満杯にするぞ！

手広く事業を行っている共同倉庫ですが、平成三（一九九一）年に私が着任するまでは倉庫業だけでした。日本人の主食のコメやムギを国が一括管理する食糧管理法（食管法）の時代です。コメは全部政府が買い上げ、指定倉庫で食糧庁が管理していました。県内唯一の指定倉庫だった共同倉庫は政府米を保管するのが仕事でした。コメは食用の他、焼酎製造用にも払い下げられました。

倉庫の仕事は主にコメの出し入れです。作業は午後三時ごろには終わり、あとはすることがない。十人ほどいる社員たちは卓球をしたりして時間を過ごし、夕方五時ごろにはもう誰もいなくなるという状態でした。それでも保管料は政府から入る。「親方日の丸」ですよ。前日までは銀行で夜九時とか十時まで、何十年間も働いてきました。それが途端に五時ですからね。これには参りました。

ということで、まず何をしたかというと自動車教習所に通いました。銀行員時代は運転の必要がなかったけど、共同倉庫では事情が異なります。谷山や志布志のサイロにも仕事で行くわけで、そのたびに社員に車で送ってもらうようではもったいない。志布志だと片道二時間半かかります。「こりゃいかん。迷惑をかける」と思い立ち、終業後に夜間教習を受けました。無事免許を取得し、それからは自家用車を買って仕事に使いました。

共同倉庫は楽な商売だけど、もうかりません。で、忘年会も新年会もない。社員旅行もない……。それが常態化していました。私が銀行にいたある時期、共同倉庫の社長が個人の定期預金を担保に、社員に払うボーナスのお金を借りに来ておられました。「なんで借りにみえるのだろう」と思っていましたが、そういう事情だったのです。

共同倉庫には荷物を保管しておく三階建てのトランクルームができたばかりでした。収納室は文書ルーム、美術品ルーム、毛皮ルーム、家財道具ルームとあるのですが、オープン一カ月目で、ほとんど何も入っていない。世間もトランクルームにまだなじんでいないころでしたからね。「これではどうしようもない」とショックでした。それからの始まりです。

なんとかして収納室を埋めなければならないので、私は古巣の鹿児島銀行本店や銀行の支店長会議に出向き、「お客さんを紹介してもらいたい」とお願いしました。しかし一年

平成５年の「8・6水害」で氾濫した甲突川

たっても荷物は集まりません。考えた末、収納室を間仕切りして「坪貸し」にし、高級品を扱うお店や美術品を持つお医者さん、富裕層などを訪ねて回りました。「内部を一定の温度・湿度に保つ倉庫設備で大切な品を保管いたします」とＰＲして歩いたわけです。

そうこうしているうちに平成五（一九九三）年八月六日、鹿児島地方が集中豪雨に見舞われました。大規模な土砂災害が多発して家々がのみ込まれるなど、死者・行方不明者四十九人を出した「8・6水害」です。甲《こう》突《つき》川は氾濫する、江戸末期に架けられた石橋群の一部は流失する、鹿児島市内はほとんど水浸しになる……というありさまでした。今の鹿児島中央駅前の通りは頭まで水没した車がずらっと並んでいましたよ。

住吉町の埋立地に立つ共同倉庫は土地が高く、被害はなかったものの、二人の社員と一時連絡が取れないというので大騒動しました。彼らは国分方面から車で通勤していて、早く帰したのですが、国道10号線が土砂崩れで寸断され、途中で動きが取れなくなっていたんですね。しかし現場では普通の電話は遮断されていてかからないし、今のように携帯電話があるわけでもなく、連絡の取りようがなかったのです。

二人の自宅からは「まだ帰りませんが？」と問い合わせがあり、本社の私どもは「会社は早く出ましたけどね」と伝えましたが、夜中になっても分からない。会社の前が船着き場になっていて、そこに被災地から船で運ばれた被災者の遺体が並べられており、毛布をはぐって見ましたが、彼らではありません。市役所やラジオの「尋ね人」に連絡した結果も、情報はありませんでした。やがて夜が明け、現地の通行が可能になって無事が確認され、ホッとしました。

この水害以降、トランクルームには重要書類や貴重品などを預ける需要が急増します。着物や上等の婦人服、家財道具なども市内外から持ち込まれ、空っぽ状態だった倉庫は一転、品物で埋まりました。この年、共同倉庫は設立以来の最高益を上げます。事業の上では「天」が味方したというわけです。

新しい時代の要請を先取りする

石倉がズラッと連なった通り

石倉（石造り倉庫）で始まった倉庫業ですが、鹿児島はさまざまな暮らしの場に石文化が根付いています。それを物語る象徴的な石造物が、かつて存在した「甲突五石橋」でしょう。

　甲突五石橋というのは江戸末期に甲突川に架けられた五つのアーチ式石橋のことです。上流から下流へ、ほぼ五〇〇メートルから八〇〇メートルの間隔で、玉江橋－新上橋－西田橋－高麗《こうらい》橋－武之橋の順で並んでいました。肥後の石工として高名だった岩永三五郎の技術指導により、弘化二（一八四五）年から嘉永二（一八四九）年まで足かけわずか五年で架設されています。

「薩摩藩では二〇〇万両の予算で営繕事業、現在の土木建築を実施しようということになり、その土木事業の主任技術者として肥後の種山村の三五郎を招いた。三五郎は感激して一門をあげて薩摩に赴いた」（村野守治著『岩永三五郎と甲突五石橋』）

こうして生まれた五石橋の建造年と規模は次の通りです。

【新上橋】弘化二（一八四五）年。四連アーチ。長さ四六・八メートル。幅六メートル。

【西田橋】弘化三（一八四六）年。四連アーチ。長さ四九・六メートル。幅七・二メートル。藩主が参勤交代に通った橋。三五郎の代表作。

【高麗橋】弘化四（一八四七）年。四連アーチ。長さ五五メートル。幅六・二メートル。

【武之橋】嘉永元（一八四八）年。五連アーチ。長さ七一メートル。幅六・六メートル。鹿児島湾に近い河口部で川幅七一メートルと広いため、五連の構造にした。

【玉江橋】嘉永二（一八四九）年。四連アーチ。長さ五一メートル。幅四・九メートル。五石橋最後の橋。

保存されている「西田橋」（石橋記念公園）

武之橋を巡っては、石橋研究の第一人者と言われた山口祐造氏が著書『石橋は生きてい

岩永三五郎之像

る』（平成四年刊）に「日本一のこの大石橋が、昭和三十七年には都市計画で壊される予定だった。たまたま石橋調査に訪れた著者はこの話を聞き、岩永三五郎が架けた日本一の橋だから是非残して貰いたいと前市長の故勝目先生（当時文化協会会長）を訪ねてお願いし、文化協会や市民の運動で高度成長期だったが保存に成功した。即ち新橋を数メートル離して架けたので、無事に残ったのである」と記録しています。

五石橋のうち新上橋と武之橋は「8・6水害」で流失しました。流失を免れた西田橋・高麗橋・玉江橋は貴重な技術遺産として保存されることになり、浜町の稲荷川河口部に三橋一体で移設されました。一帯は石橋記念公園として整備され、岩永三五郎を顕彰する石像が立っています。碑文に書く「岩永三五郎顕彰の由来」はこうです。

「薩摩藩滞在中十年もの間、地元の石工共々その献身的な働きにより幾多の土木事業を成し遂げた。岩永三五郎は、嘉永二年（一八四九）薩摩を去り、嘉永四年（一八五一）十月五日、八代郡鏡町芝口にて五十九才で没す。ここに岩永三五郎はじめ、その一族の労苦に思いを馳せ、その偉業を後世に伝えるものである」

碑文はまた、三五郎とその一族について「九州各地に一九〇余りの眼鏡橋を架橋し、なかでも三五郎の甥丈八は、明治政府に招かれ皇居の二重橋等々を架橋した」とその功績を称えています。

倉庫業の話に戻りますと、平成七（一九九五）年に食糧管理法が廃止になり、コメの管理制度が変わります。それにより政府米を保管する倉庫が半分ほど空になりました。荷の確保策を思案していると「保管するのに温度や湿度が一定でなくてもよい品物はたくさんあるではないか」と気づき、日本通運から一トンぐらいのコンテナを購入して各種器財類を預かることにします。するとこれが全部満杯になりました。

バブルが崩壊して日本経済が長い停滞期に入った時期です。日本人のライフスタイルの変化もあって居住スペースの狭いマンションが増え、オフィスも狭くなっていました。若い女性が衣装ケースに使うようにもなります。こうした状況が倉庫事業を後押ししてくれ、業態が広がっていきました。

共同倉庫にはそれまで「本社」と呼べる機構はありませんでした。銀行時代からの石倉のなかを仕切って机と電話を置いていただけです。これでは社員がかわいそうだと思っていたので、トランクルームが軌道に乗って二号館（五階建て）を建設した際、一階に本社事務所を設けました。

本社の入り口にはドコモの携帯電話の販売所を設けました。業界関係者から「今、日本には七千万台の自家用車がある。携帯電話も自家用車並みには普及する」という話を聞いて興味が湧いたんです。販売開始時はアナログ方式携帯で、間もなくデジタルに変わったら急に売れ出しました。そのころ販売手数料だけで一台一万円でしたよ。鹿児島銀行の支店長の奥さんたちにパートで手伝ってもらい、月間一五〇台ぐらい売りました。利益をもたらしてくれた携帯電話事業ですが、通信機器を巡る状況は変化が激しく、平成十四年で販売は終了します。

平成8年建築のトランクルーム2号館

資源ごみは燃やさず再利用する

トランクルームには「時代」が投影します。離婚の増加もその一例です。日本人の離婚率は平成二（一九九〇）年あたりから目

トランクルームの受付窓口

「優良トランクルーム」の認定書

立って高まりました。離婚数は平成八年に二〇万六九五五件と二〇万台に乗り、その後も増え続けて平成十四年には約二九万組が離婚しています。この年がピークですが、若年層（二十〜二十四歳）に限定すれば、なんと半数が離婚しているという二十一世紀の統計があります。

離婚する女性は自分の物を実家に持ち帰ります。新婚さんでもその量は一所帯分ありますから、実家の受け入れ態勢もあるでしょうし、たいがい「長期保管したい」とトランクルームに相談される。離婚を決めたら「一日でも早く出たい」ということで、「すぐに荷物を取りに来て」という話が多かったですね。

それで日本通運に頼んで運んでもらっていましたが、同様の話があっちこっちから届くようになります。これはなんとかしなきゃいけないというので貨物軽自動車運送事業許可を取りました。普通車は国土交通省の免許が厳しいので、簡単な軽自動車にしました。依頼が新婚さんなら軽トラック三台か四台で行けば対応できます。

自社の車で運ぶときはそれで間に合うとして、業者に運送を〝丸投げ〟する場合には第一種利用運送事業許可が必要なので、それも取得しました。稼げるものは全部稼ぐ。そんな考えでやっていたら、どんどん荷物が増えていきます。

裁判所からは「立ち退き命令を出した借家人の仮執行を行うので車を出してもらいたい」という要請がしばしばありました。運送と保管の両方をやってくれるところがないというのでトランクルームの活用になったようです。「〇月〇日、軽トラ三台来てください」と連絡が入ります。車が荷物を積んで帰ってきたら、運賃、人件費、保管料が会社に入ります。

次はCO_2削減のはしりの頃ですが、産業廃棄物収集運搬業の免許を取りました。それには次のいきさつがありました。

鹿児島銀行は店舗ごとに焼却炉を設け、仕事で出た紙などを燃やしていました。しかし焼却灰はどこにでもは捨てられない。最終処分場は当時、近場では宮崎県の都城しかなく、業者が引き取って一〇トントラックで運んでいました。その料金が高いんです。費用が膨大だから、なんとかしなきゃいけない。そんな銀行時代の記憶が頭をよぎったことと、C

廃棄文書を原料化して作ったトイレットペーパー

O_2削減の意識もあって「燃やす時代からリサイクル時代へ」という発想が浮かびました。そこで産業廃棄物収集運搬業を思い立ちます。

　共同倉庫は鹿児島銀行の関連会社ですから、新しい事業を興すときは銀行の許可を得て定款を変更する必要があります。手続きに銀行へ行くと、担当者は「なんにでも手を出しておられますが、今度は産廃ですか。まさかゴミ処理までしなくてもいいのでは」という反応です。「いや、私らは銀行のためにやっている。私がしなければ銀行が困ることになりますよ」と説明して、なんとか了解をいただきました。

　この一連の取り組みが「ペーパーリサイクルセンター」の建築につながります。鹿児島銀行との連携によるリサイクル事業について、同銀行の記録『一二〇年のあゆみ』にはこうあります。

「各室部店で焼却・シュレッダー処理していた廃棄文書のうち、リサイクル可能な紙製品を鹿児島共同倉庫（株）へ搬入し、大型シュレッダーで細断・固形化処理を行った後、製紙会社に持ち込み、トイレットペーパー等に再生するものである。再生されたトイレットペーパー等は各室部店へ配布され、経費削減に貢献している。これにより、営業店の焼却炉は順次廃止されることになった」

産廃事業で思い出されるのは、平成十年に発足した小渕恵三内閣が「今後の景気対策は電子産業に力を入れる」とアナウンスしたその反響です。たしか政府が補助金を出したのだと思いますが、一気にパソコンの買い替え需要が発生しました。学校や役所などもまとめて買い替えるというので、旧来型の処分が必要になり、一斉に「取りに来てくれ」と連絡が来ました。それに応じられたのも産業廃棄物収集運搬業の免許があってのことでした。

児童たちの学びの場になる喜び

リサイクルはこれからの時代の大切なテーマというので、小学校の児童たちがよく工場見学に訪れます。関心を持ってくれて、ありがたいことです。私の孫の麗之《かずゆき》も、そのころ福岡県春日市の小学校の四年生でしたが、夏休みに家に遊びに来たとき「リサイクルの現場を見たい」と関心を示しました。「学校でリサイクルの勉強をやっているんだったら、夏休みの自由研究テーマに、ちょうどいいんじゃない？」と母親に言われていたようです。喜んで案内しました。

工場に入れてもらった麗之は、珍しそうに作業風景などを写真に撮ったり、機械のボタン操作をさせてもらったりして楽しそうでした。帰ってから、その体験を「リサイクル工場の見学に行って」と題したリポートにまとめ、自由研究の成果として学校に提出したそうです。あとで見せてもらったところ、模造紙四枚に文章と挿絵と写真を配し、作業の工程やリサイクル製品を紹介した内容でした。うまく勘所をおさえていました。「教室に張り出されたよ」と言っていましたから、うれしかったのでしょう。

「ぼくは、お盆にかごしまのおじいちゃんの家に行きました。その時、おじいちゃんの会社で紙のリサイクルをしている工場を見学してきたので、まとめてみました」というのが前文です。あらましはこうです。

▼銀行（鹿銀）からは紙のゴミが一年間に四五〇トンも出るそうです。これは「ティラノサウルス」（恐竜）の七十頭分に相当します。今までは燃やすとか、シュレッダー（紙を細かく切る機械）にかけて捨てていたそうですが、それでは資源のむだになるし、ダイオ

キシンが出たりするので「リサイクルしよう！」と思ったそうです。一トンの古紙で二十本分の木を守ることになり、リサイクルすることで一年間に九千本の木を守ることになるそうです。

▼銀行で分別した紙をリサイクルセンターに集めます。ボクも大型シュレッダーに紙を入れさせてもらい、ボタンを押しました。切った紙を一三〇トンの力で圧縮し、レンガ状に固めます。それを製紙会社に持って行き、トイレットペーパーやメモ用紙に再生します。できたトイレットペーパーなどは銀行のお客さんにあげたり、会社で使ったりするのだそうです。

▼リサイクル工場に行って実際に仕事をさせてもらったことがとてもおもしろかったです。リサイクルは大事なことだと思いました。

——銀行から出る廃棄書類の分量（四五〇トン）を「ティラノサウルス七十頭分」と表現しているのは、恐竜大好き少年だった麗之が「分かりやすく伝わるように」と恐竜図鑑をめくって考えたのだそうです。母親も「どんな挿絵を添えたら分かりやすくなるだろうかと母子で考えた楽しい思い出」と話していました。資源を有効利用する意味とその手順がよく理解できるよう工夫された構成だったと思います。リサイクル事業を思いついて「よし、やろう！」と目を輝かせる私の似顔も挿絵になっていて、愉快な出来でした（写真後掲）。

三号・四号館の建設で痛い失敗

トランクルーム二号館は建設から三年で満杯になり、三号館と四号館を計画しました。予定地は土地代の高い街中にあるので高層にしなければならない。そう考えていたところ、ビジネス情報誌に「東京・八王子の業者が全国で初めての自走式トランクルームを造った」という案内が大きく出ました。それは見てみたいと、共同倉庫の責任者を連れて見学に行きました。

訪ねた私たちに、開発者の社長は自社設備の長所をとうとうと話されます。自慢話ですよ。「なるほどなぁ」と拝聴し、帰りがけ、現場の人の話を聞いてみようと事務所に寄ってみました。対応された女性のスタッフに「自走式設備は順調で効率もよいようですね」と持ちかけたところ、「いや、それがですね、非常に困ったこともあるのですよ」という返事が返ってきたのです。
この会社のトランクルームは高層で、収納ケースに入った品物がスイッチ一つで上がっていきます。タワー状になった車の駐車場を想定してもらうといいでしょう。ところがケースの端っこに置かれた品物、例えばタンスのようなものが高い所で傾き、つかえて止まることがあるというのです。「そうなると修正するのが大変なんです」という説明でした。やはり現場に聞いてみるものです。

私どもの三号館と四号館はビルの十一階建てに相当する造りです。八王子の話を聞いていたので収納ケースは強度のある材質を選び、大部屋方式を個室にし、品物が傾いても心配のないようにしました。この点は問題なかったのですが、内部は一号館や二号館と違って吹き抜けになっています。だから各階ごとに空調を施すことはできず、全館空調ということになります。これはえらいことになったと思いました。それだけ経費がかかるわけですから大失敗です。

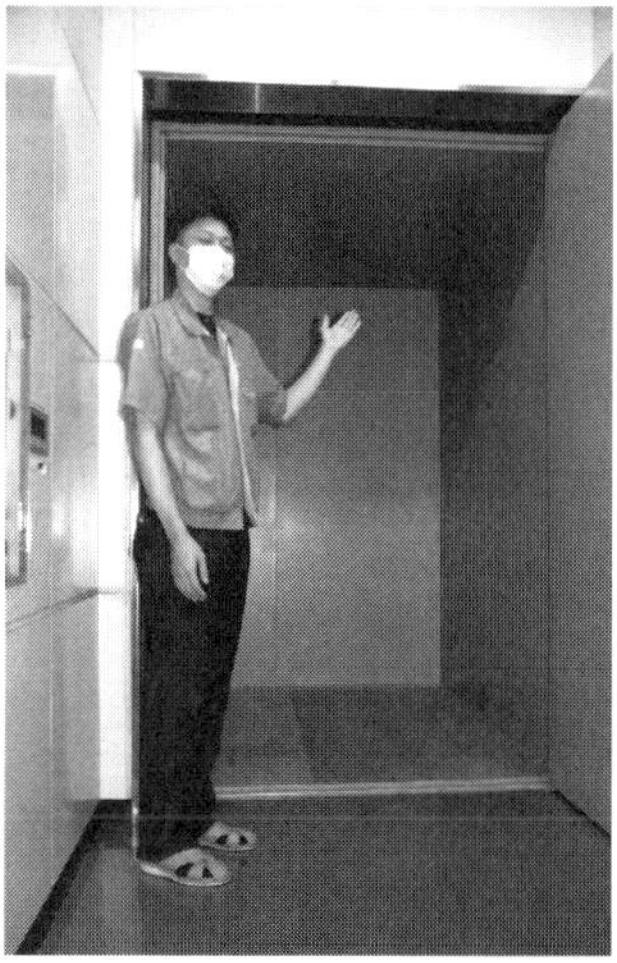
トランクルームに品物を収納するゴンドラ

計算では収納率が五割で収益ラインでしたが、

オープン当初は荷がなく、最初の二〜三年は赤字の垂れ流しでした。今は収益ラインを超えているので大丈夫です。若い女性が衣装ケースとして利用するような時代になっています。トランクルームの受け付けは女性一人でやれますし、管理は一号館・二号館・三号館・四号館とも全てお客さんがやる仕組みにしています。このシステムで経費が安くあがります。

私が共同倉庫の社長を務めたのは平成三年から十二年までの九年間です。社長に就任した平成三年時決算は税引き前利益が八〇七万円にすぎませんでした。その後の積極的な経営多角化と効率化で業績を飛躍的に伸ばし、平成五年三七三二万円、八年六三九三万円、十年一億六三万円と、一億円台に乗せたことが帝国データバンクの資料に残っています。

この間の平成八年から十二年まではサイロ事業を行う鹿児島県倉庫事業協同組合の理事長も務めました。食糧事務所がオーストラリアから輸入したムギを谷山港に揚げていたので、それを保管するサイロの運営に当たりました。

九州本土の最南端に位置し、離島各地と結ばれた鹿児島の倉庫業は、物流の拠点施設として極めて重要な役割を果たしています。輸入されるトウモロコシ、ムギ、ダイズかすなどの飼料原料は鹿児島でサイロに搬入され、各地の飼料工場に配送されます。「畜産王国」

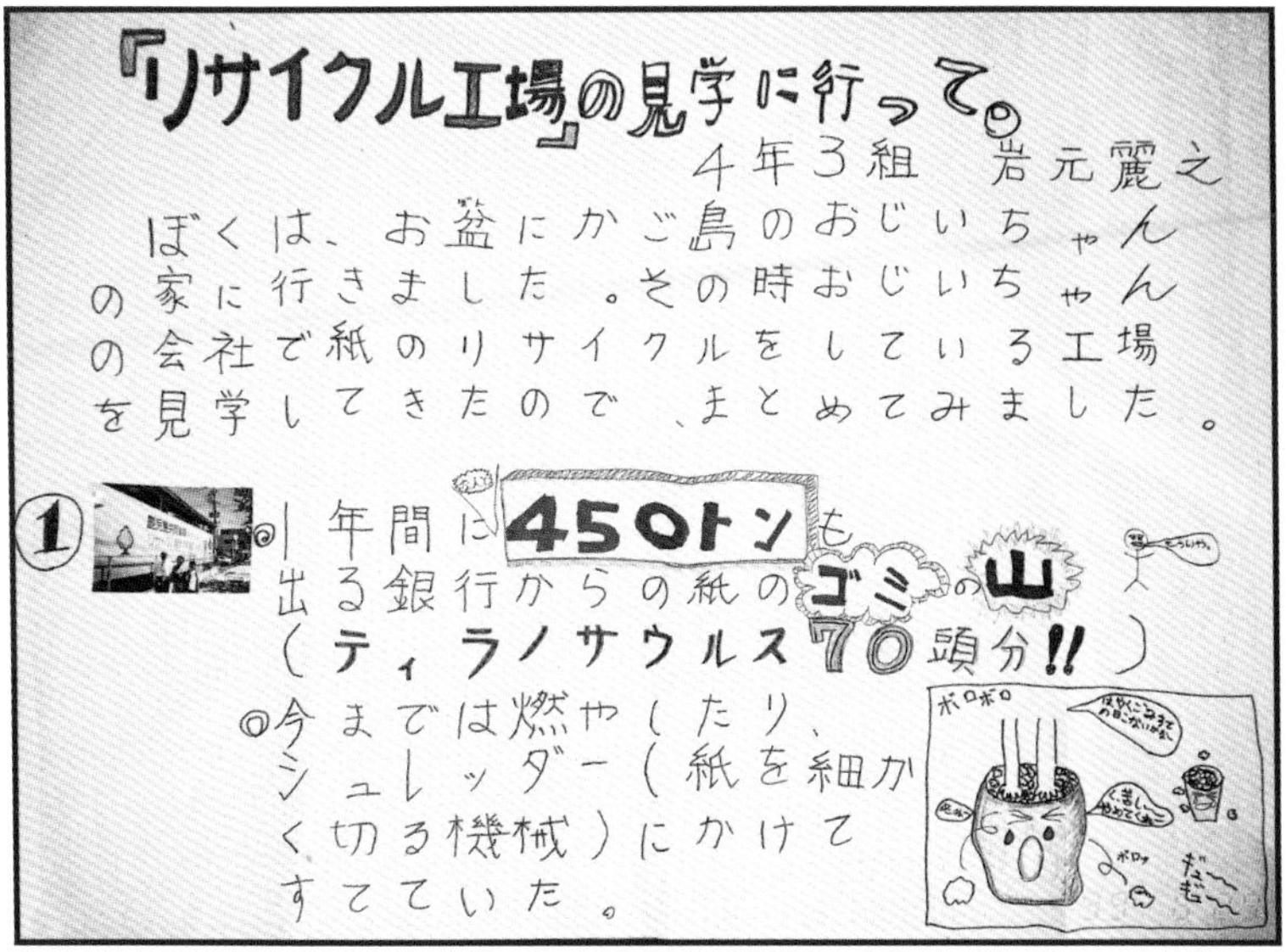
『リサイクル工場』の見学に行って。
4年3組　岩元麗之
ぼくは、お盆にかご島のおじいちゃん
の家に行きました。その時おじいちゃん
の会社で紙のリサイクルをしている工場
を見学してきたので、まとめてみました。
①
◎1年間に450トンも
出る銀行からの紙のゴミの山
(ティラノサウルス70頭分!!)
◎今までは燃やしたり、
シュレッダー(紙を細か
く切る機械)にかけて
すてていた。
ボロボロ

孫・麗之の小学校の夏休みの自由研究
「リサイクル工場の見学に行って」(平成11〔1999〕年)

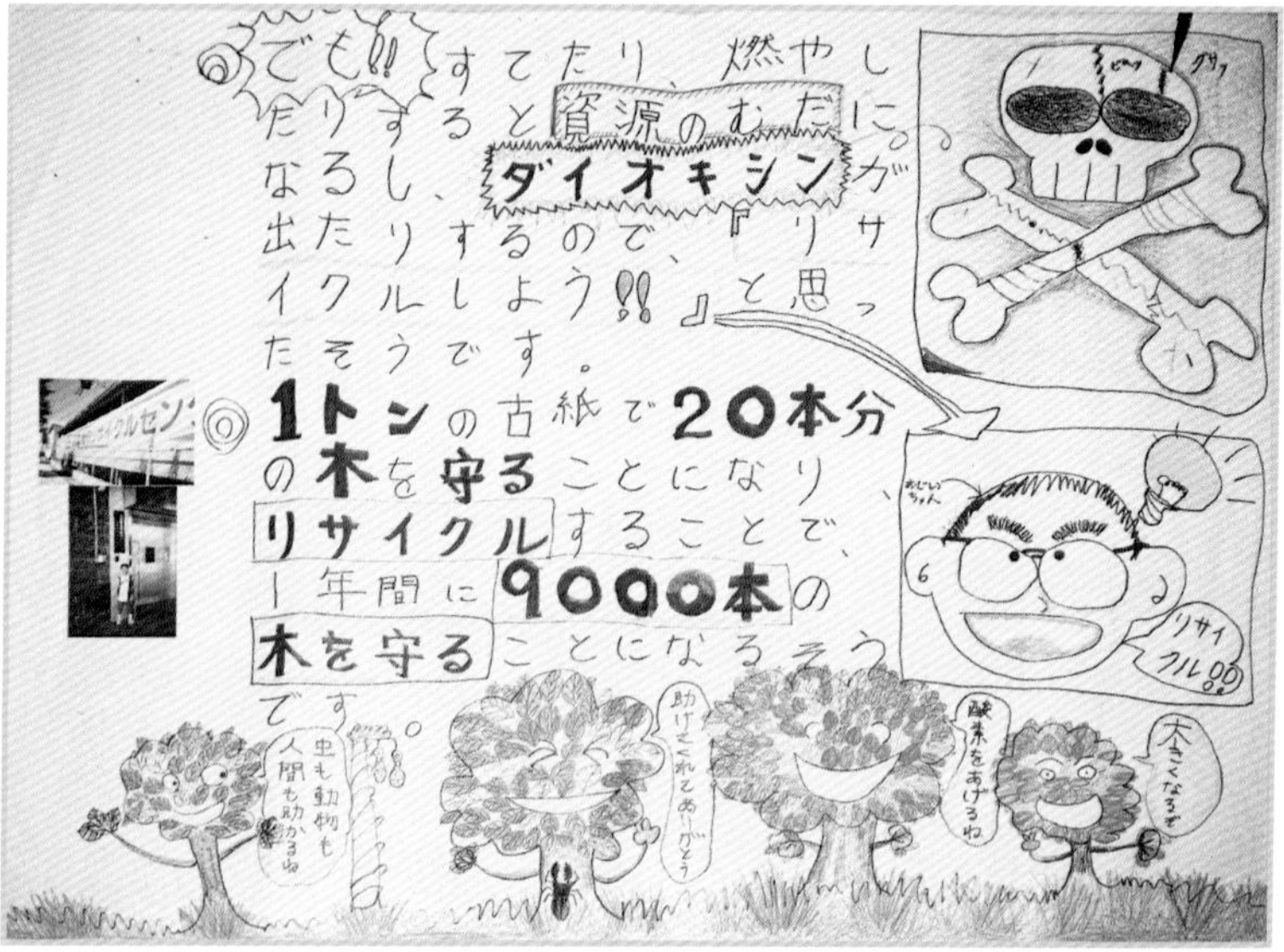

◎でも!! すてたり、燃やしたりすると資源のむだになるし、ダイオキシンが出たりするので、『リサイクルしよう!!』と思ったそうです。
◎1トンの古紙で20本分の木を守ることになり、リサイクルすることで、1年間に9000本の木を守ることになるそうです。
おじいちゃん
リサイクル!!
虫も動物も人間も助かるね
助けてくれてありがとう
酸素をあげるね。
大きくなるぞ

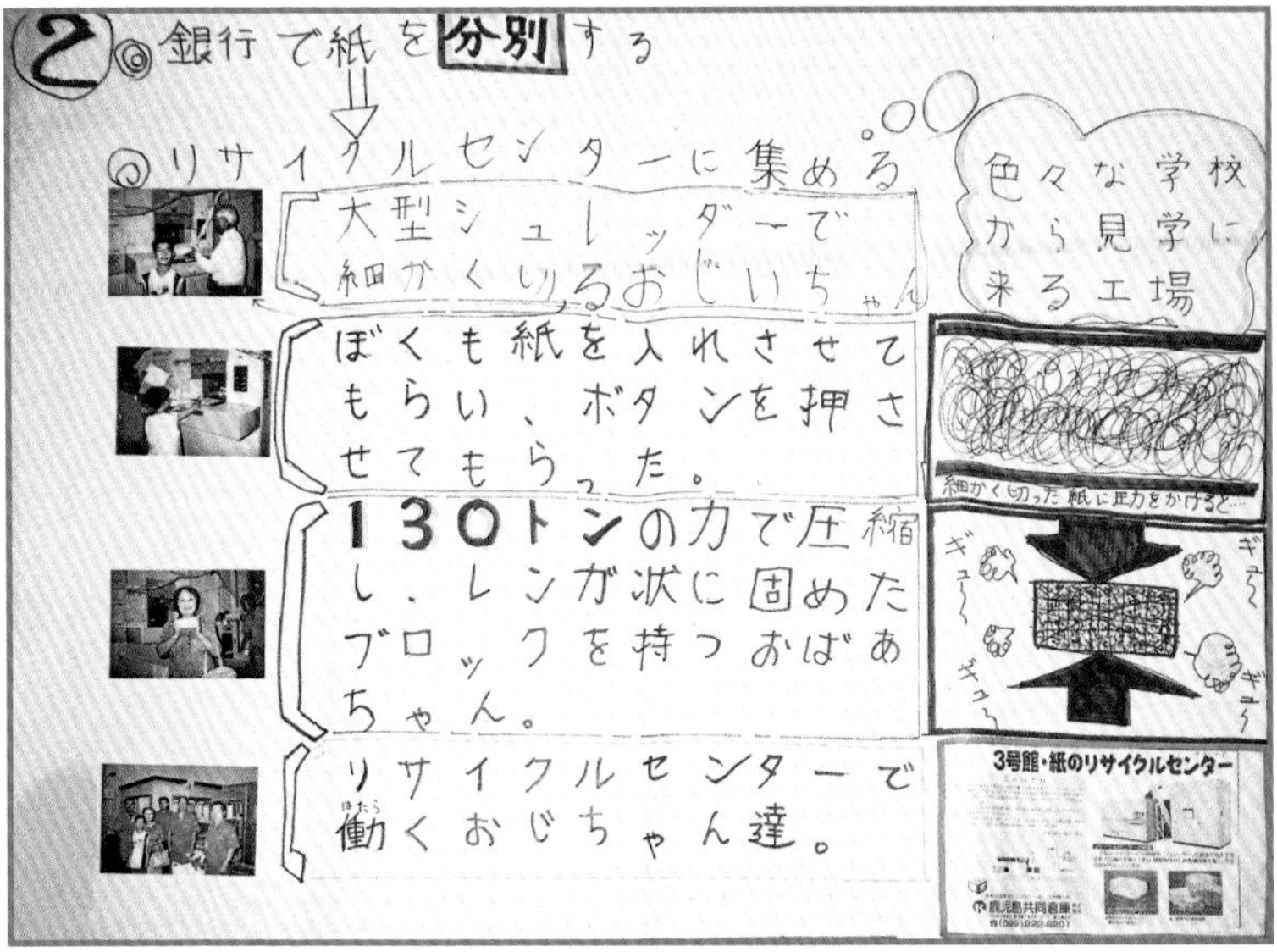

2 ◎銀行で紙を分別する
◎リサイクルセンターに集める
大型シュレッダーで細かく切るおじいちゃん
ぼくも紙を入れさせてもらい、ボタンを押させてもらった。
130トンの力で圧縮し、レンガ状に固めたブロックを持つおばあちゃん。
リサイクルセンターで働《はたら》くおじちゃん達。
色々な学校から見学に来る工場
細かく切った紙に圧力をかけると…
ギュ〜
ギュ〜
ギュ〜
ギュ〜
3号館・紙のリサイクルセンター
鹿児島共同倉庫

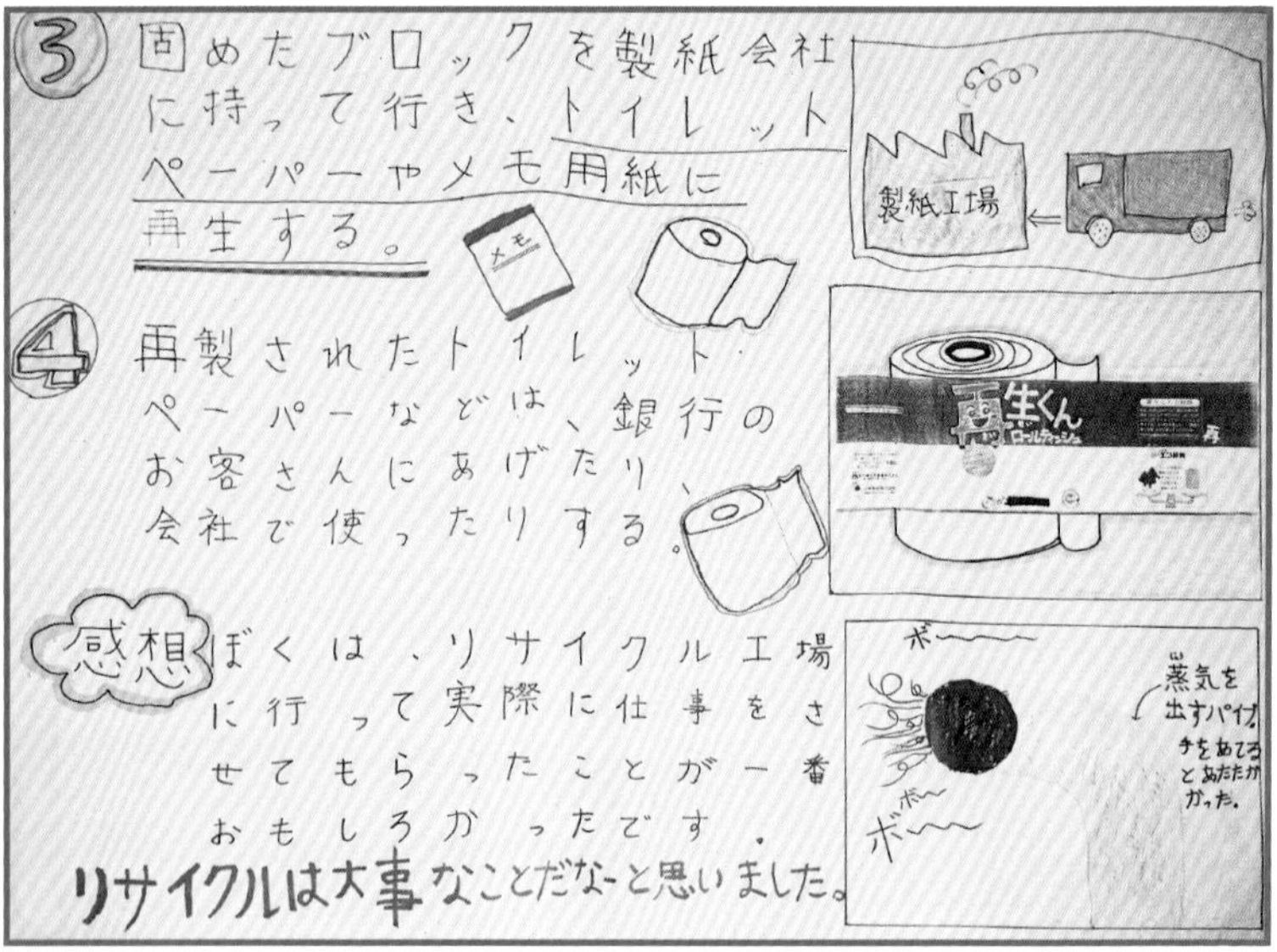
③
固めたブロックを製紙会社に持って行き、トイレットペーパーやメモ用紙に再生する。
製紙工場
メモ
④
再製されたトイレットペーパーなどは、銀行のお客さんにあげたり、会社で使ったりする。

再生くん
感想
ぼくは、リサイクル工場に行って実際に仕事をさせてもらったことが一番おもしろかったです。

リサイクルは大事なことだなーと思いました。

ボー〜〜

ボボー〜

ボー〜〜

蒸気を出すパイプ。

手をあてるとあたたかかった。

の鹿児島は家畜用飼料の大消費地でもあり、共同倉庫の谷山サイロと志布志サイロは故郷の畜産業を支える基盤設備なのです。

「一軍の大将」の心構えに触れる

共同倉庫のトランクルーム二号館を建設し、一階に本社事務所を開設したのは平成八（一九九六）年でしたが、その際、古い石倉を解体していると、「湯地《ゆち》定敏」と印刷された封筒がたくさん出てきました。湯地定敏という人は第百四十七銀行の最後の頭取で、大正十五（一九二六）年に頭取に就任し、昭和十九（一九四四）年に三行合併で鹿児島興業銀行（鹿児島銀行の前身）が発足したとき退任しています。共同倉庫の社長も務められたので、封筒はその当時のものが残っていたのです。

頭取就任前の話として、湯地さんは本店支配人をしていた大正九（一九二〇）年に取締役に抜擢され、常務取締役に就任します。『鹿児島銀行百年史』はこの役員人事について「行員出身取締役が誕生したのは特筆すべき」と記しており、語り草になりました。

銀行界は当時、大正九年の経済恐慌を契機に不安定な状況が続いていました。湯地頭取が誕生した翌昭和二年、大蔵省は全国の地方長官に対して銀行合同の促進斡旋を依頼します。過当競争を防いで経営健全化を図る策で、「合同は主として地方的に行う」というのが大蔵省の意向でした。政府方針を受け、鹿児島県知事は県内本店銀行十三行の頭取と代表者を県庁に招き、銀行合同の趣旨を説明しました。

以後の鹿児島金融界の動向を第百四十七銀行に見ると、鹿児島商業銀行と合併契約締結（昭和三年四月）▼十五銀行と営業譲受契約締結（昭和四年十一月）▼薩摩銀行と営業譲受契約締結（同十二月）▼海江田銀行と営業譲受契約締結（昭和六年十二月）▼鹿児島商弘銀行と営業譲受契約締結（昭和十年十二月）▼鹿児島銀行・鹿児島貯蓄銀行と合併契約書に調印（昭和十八年十一月）――という経過をたどります。

こうして鹿児島興業銀行が誕生したことは、第四章（「一県一行」の国策で三行合併）で述べた通りです。湯地さんは合併銀行の相談役に退きますが、ここに至るご苦労はさぞやと思います。

湯地頭取にまつわる逸話が『伯爵山本権兵衛傳《でん》』（故伯爵山本海軍大将傳記編纂会編）にみられます。山本権兵衛伯（一八五二～一九三三）については、同書に収載された旧海軍将校執筆の追悼文に「鹿児島の一士族の家に生れ、我が海軍の大立者となりて、我が大海軍を創設し、日清日露の大戦には空前の大勝を博し、二度まで総理大臣となつて、内閣の首班に列し」とある通り了解していただけるでしょう。山本伯爵を敬っていた湯地頭取が傳記に寄稿した一編、「山本伯に御教へを戴いた事」もそこにあります。

山本伯の「御教へ」というのは、頭取が伯爵邸を訪ねて授かった次の言葉です。

「君は銀行の頭取として一行を治めて居るのであるが、跡相続者は居るか。一軍の大将も何時如何なる事が起るか分らぬ。戦利あらず退却の止むを得ざる事あるか分らぬ。其の場合は斯く斯くと己れ独り丈けは常に退却の方寸を胸中深く秘めて置かねば狼狽するよ。其の見苦しいものだよ。君も辞める時あとの備へがない様ではいけないよ」

授かった頭取は「実は私は其の辺の用意を必要と存じまして、考慮致して居ります」と述べたやり取りをつづっています。

震災復興を取り仕切った山本伯

『伯爵山本権兵衛傳』は上巻と下巻からなる大部で、山本伯が亡くなって四年後の昭和十二年に編纂事業が完結しています。時代を共にした人たちの証言・寄稿や新聞報道などを

関東大震災に対
応した山本伯

豊富に取り入れ、日本の近代史を武将然と生きた伯爵の生涯を描き尽くしています。

「山本権兵衛伯は明治御一新の時、鹿児島藩より戦兵として官軍に参加し、京都伏見鳥羽の役には八幡と云ふ所で初めて戦線に出られ、夫れより北越奥羽の戦争に従軍せられました。時に年僅かに十七歳を迎へた計りであつたと云ふことであります。此の騒乱の鎮定後一旦鹿児島に帰られましたが、後、学問修業の為東京に出らるることと為つて、西郷南洲より勝海舟へ紹介せられ、夫れが縁となつて身を海軍に投ぜらるる様になつたのであります」（海軍大将加藤寛治「山本大勲位を偲ぶ」）

これに関連する話として山本伯の言葉が次にあります。

「南洲先生が征韓論の為めに、国に帰られた時自分も南洲先生の後を追うて国に帰つた。さうすると大変に南洲先生に叱られた。お前のやるべき仕事は言つてある筈である。何故国に帰つて来たか、直ぐ東京に行つて仕事をやれ、と言つてお茶一杯も呉れなかつた。それで、また東京に来て一生懸命海軍のことをやつて今日の地位を得るやうになつたが、是れは全く両先生（西郷南洲、勝海舟）の御蔭である」（宮原六郎「山本伯を憶ふ」）

これは大正十五（一九二六）年の会見時の談話らしい。次は海軍将校の寄稿の一節です。

「明治の初年から長の陸軍、薩の海軍といふ言葉が、随分長く世間に用ひられた、其の当時、我が海軍では、大臣も軍令部長も艦隊の長官も鎮守府の長官も枢要な位置は殆んど全部鹿児島の人が占めてゐた。其の頃一番全盛であつたのが、言ふまでもなく山本大将が海軍大臣の時代であつた。我が国をして明治維新以後、僅かに数十年の間に、世界の五大強国の一とまで発展させた彼の日清戦争も、日露戦争も我が海軍の主要な役者は之もまた大部分鹿児島の人であつた」（海軍中将岩村俊武「我が海軍の大恩人山本大将を弔ふ」）

大正十二（一九二三）年の第二次山本内閣の組閣時を語った次の話も目に留まります。

「伯は其の組閣に従事中、九月一日に至り、未曾有の大地震関東地方に起り之に伴ふに大火災を以てし、東京及横浜等殆と焦土と化する等、其の惨害転《うた》た名状す可らず、而して此の第二次山本内閣の組織は実に此の間に成り、九月二日午後に至り、伏奏《ふくそう》の結果、同日夜に入り赤城離宮に於て親任式を行はせられたるなりき」（編纂委員筆）

「諸君、私が内閣を組織いたしましたのは震災直後、物情尚ほ騒然たるの時でありました、私は此未曾有の時局に當《（当）》りまして、責任最も重きを思ひました」（大正十二年十二月十三日、貴族院での山本総理大臣演説）

山本総理に内閣書記官として仕えた人の述懐があります。

「第二次内閣は震災直後の非常時なりし為め、応急の救護並に復興計画等に関しては、連日連夜、閣議を開き深更に及びたること一再にして止まらなかつたが、伯は毫《ごう》も倦怠の色なく、苟《いやしく》も急を要する施設は即刻之を行ひ、大いに、其の非凡なる手腕を示されたことは勿論であるが、平素健康に留意せられ絶倫なる気力を縦横に振はれたのである」（賞勲局総裁下條康麿「思ひ出す事ども」）

関東大震災勃発から一〇一年。ここに改めて、被災地の治安維持・災害救護・善後措置の指揮を執った山本伯の労苦をしのびたいと思います。

第八章　薩摩焼酎を世界へ

焼酎の製造工程を見ていただく「無双蔵」のコース

「さつま無双」の経営を預かる

共同倉庫の社長を退任したのは平成十二（二〇〇〇）年三月です。辞めるにあたり、焼酎製造の蔵元さんたちにあいさつ回りをしました。共同倉庫は各蔵元に麹《こうじ》用の米を出していますからね。地方を一巡し、最後に鹿児島市に戻って相良《さがら》酒造さんを訪ねました。相良酒造は鹿児島市内にある唯一の造り酒屋です。退任のあいさつをする私に、相良栄二社長は「よかとき来てもらった。話を聞いてもらいたい」と言って引き留めようとされる。何だろうと思っていると、次のような話をされた。

――自分は県内の焼酎メーカー四十一社の出資会社「さつま無双」の社長も引き受けている。さつま無双は「焼酎を全国に広めてほしい」という県などの要請に基づき、昭和四十一（一九六六）年に鹿児島県酒造協業組合の統一銘柄として発足し、同四十五年に代表銘柄を冠して「さつま無双株式会社」に組織変更した。以降、原酒をブレンドした独自ブランドの商品を販売しているが、十年以上赤字で無配が続いている。あなたは共同倉庫を立て直された。その手腕を頼み、さつま無双の経営に一役買ってもらえないだろうか――

そのうえで相良社長は「税理士さんからは『今のうちに整理しましょう』と言われている。土地が約二千坪あり、四億円で売却したら、借金が二億円あったとしても二億円残る。それで社員に退職金を払い、残りを株主さんに返せば誰からも文句は出ませんよ、と言われるのだが……」と事情を明かし、「今の状況を考えると毎日飯がノドを通らない。一週間に一度か二度でいいので、昼食だけでも食べに来てもらえませんか」と訴えられた。

そう言われても、私としては「焼酎のことはド素人だし、業界で使う用語なども分からない。私がやっても、どうしようもないですよ」と言うしかなく、お断りしました。しかしその後も社長から呼び出しが再三あるし、そのたびに「社員のボーナスは現金がないので、代わりに売れ残りの焼酎を三本とか四本渡している」といった話をされるものだから、それはかわいそうだという思いになりましてね。何度か話し合いを持った末、取締役会を開いてもらうことにしました。

取締役会では税理士さんを交えて話し合いました。役員の皆さんからは「さつま無双の経営陣に加わり、実務の責任者としてやってもらいたい」と要請されます。それぞれ酒造会社のオーナー経営者であり、各地域で有力な経済人として活動されている多忙な方々です。さつま無双の経営実務までとても手が及ばないということだったようでした。

「では二年間だけやりましょう。やってみて、二年目まで赤字が続いたら、どんな処分をしても構いませんか」「おまかせします」「そのときは税理士さんが言われているように、土地を一括処分してすっきり整理をするというのが最終的な処分方法ですよね」「どんな方法を取られても構いません」――そういうやり取りがあって、私は顧問という形で要請を受けることにします。

「さつま無双」の工場

当時の私は鹿児島銀行の監査役という立場でした。銀行を退職して七年後の平成十（一九九八）年に監査役に就任し、高額融資案件について再チェックする役を務めていたのです。銀行の役員は他の会社の役員を兼務することができないので、監査役を退くまでは顧問という形にしてもらい、実質的な責任者として実務に当たります。

顧問に就任した年の夏ですが、従業員を代表した社員が相良社長のところにボーナスの交渉に来て「五万円でもいいから、なんとかなりませんでしょうか」と要望されました。社長は「なんとかして払いたいと思いますが、支払いは盆明けの十六日以降になります」と言われる。私は「社長、五万円払うのだったら盆前の十二日までに払ったらどうですか。そうじゃないと、受け取る方の気持ちも半減しますよ」と言って、そうしてもらいました。

それにしても少額で社員はかわいそうだという気持ちがあったので、会社のボーナスとは別に、私はリサイクルのトイレットペーパーを五袋（計五十個）ずつ、私費で約十五人の社員とパートの皆さんに渡しました。平成の焼酎ブームの前で、それを二年続けています。平成十六年、私は銀行の監査役を退任し、さつま無双の副社長を一年務めた後、翌十七年八月から社長として指揮を執ることになります。

さつま無双は焼酎のブレンドと瓶詰めの会社だったので製造免許を持っていませんでした。しかし製造も考えたいということになり、平成十六年、焼酎乙類の製造免許を保有しながら休眠状態にあった薩摩川内市の三和酒造を買収し、メーカーの仲間入りをします。

ブームが生んだ「焼酎の時代」

日本の焼酎産業はどのように発展を遂げてきたのでしょう。焼酎は渡来技術と言われますが、渡来の時期やルートなど諸説あるようで、はっきりしたことは分かりません。

焼酎に関する研究書の類は多く、それによると日本で「焼酎」の文字が確認されている最古の史料は大口市の郡山八幡神社で発見された棟木札だそうです。昭和三十四年に改修されたとき、神社の屋根裏の木にはめこまれていました。それには永禄二（一五五九）年の年号と、神社の改修に関わった宮大工が焼酎を振る舞われないことに不満をもらした文言が記されていました。思わずクスッと笑える話です。

「フランシスコ・ザビエルが鹿児島に来てわが国に初めてキリスト教を伝えたのは、この年（永禄二年）より十年前、またポルトガル船が種子島に漂着して鉄砲を伝えたのは十六年前のことである。このような時代に、『焼酎』と呼ばれる酒が鹿児島県の一角に、しかも作事の際の大工などの飲みものとして、すでに世間に広まっていたということは、このたびこの木札の発見によって初めてわかったことである。もしこの札がまちがいないものとすれば、酒や食生活の歴史にたずさわる人たちにとっては、極めて貴重な資料である」

これは、お酒の世界に造詣の深い坂口謹一郎氏の著書『古酒新酒』の一節ですが、焼酎の名称と文字が十六世紀中ごろには薩摩の地で広く使われており、愛飲する生活が定着していたことを物語るというわけです。

焼酎に関する記録には神社の棟木札よりも十三年早い次の話があります。

「薩摩の山川港に半年間滞在したポルトガルの船長ジョルジェ・アルヴァレスは、フランシスコ・ザビエルの求めに応じて『日本報告』を書いている。そのなかに、地元では身分の上下を問わず米から造るオラーカ(ポルトガル語で焼酎)を飲んでいる、との記述があることから、これが日本の焼酎に関する史料の初見とされている」(熊本学園大学産業経営研究所編『アジアの焼酎、九州の焼酎』)

同書の次の話も興味を引きます。

「いも焼酎史で欠かせない人物に薩摩藩主・島津斉彬がいる。斉彬は一八五一年、いも焼酎の品質改良と大量生産を号令している。甘藷のままでは産物として売り出せないが、いも焼酎からアルコールを生産し医薬や軍用雷粉原料として奨励した。焼酎産業は、明治に入ると日清・日露戦争を支え、アルコール産業へと発展したのである。このことから、焼酎の近代的発展への着想は島津斉彬によって行われた、とも評されている」

焼酎（蒸留酒）が薬用に使われていたのは世界共通で、日本では江戸時代の〝弥次・喜多珍道中〟の滑稽小説『東海道中膝栗毛』（十返舎一九作）にも登場します。四日市の宿屋の一幕にある「喜多さんは座敷に焼酎を売りにきた行商から、茶碗一杯の焼酎を買うと、口にふくんで足に吹きかける。こうすると、足の疲れがとれるという」（現代語訳、谷真介著）がそのくだりです。

自家消費用が主体だった焼酎が販売目的で製造されるようになるのは明治三十年代になってからです。大正二（一九一三）年には鹿児島県酒造組合連合会が発足します。当時は消費量の約三割を米焼酎が占めていましたが、太平洋戦争が始まると米の入手が難しくなり、芋焼酎がほとんどになります。

その後、焼酎製造の基盤が確立され、市場が拡大します。原料のサツマイモ（甘藷）については、栽培中の施肥の種類、貯蔵性向上の条件、特有な異臭の除去などの研究が進みました。機械化や技術革新による生産工程の近代化は、労働環境の改善や新製品開発を促し、大量生産を可能にします。

焼酎には蒸留法の違いで単式蒸留焼酎と連続式蒸留焼酎があり、このうち原料の香味や味わいを残すのが単式蒸留焼酎です。かつては酒税法上の区分に基づき「乙類焼酎」の名称で通っていたのが、業界の要望もあり、昭和三十年代後半から「本格焼酎」の呼称が認められました。

本格焼酎とは何かといえば「規定の原料を使って伝統的な製法で造られた焼酎」ということです。そのなかで鹿児島県産のサツマイモを使い、県内で製造・瓶詰めされたものが「薩摩焼酎」です。薩摩焼酎のラベルには「品目：本格焼酎」「原材料名：さつまいも（鹿児島県産）、米こうじ」などと表示されています。

焼酎製品がズラリと並んだ売店の棚

焼酎の新時代を開いたのが三度訪れた「焼酎ブーム」です。第一次ブームは昭和四十五（一九七〇）年～五十四（一九七九）年。大手企業の支店が集中する「支店経済都市」の福岡が震源地でした。テレビのCM画像に乗った芋焼酎の「お湯割り」が若い愛飲層の心を捉え、「ホワイトカラーの酒」として日本酒やウイスキーとほぼ同等の地位を得ます。焼酎人気は転勤するサラリーマンと共に他都市へ拡散しました。

第二次ブームは昭和五十五（一九八〇）年～六十（一九八五）年です。焼酎人気が関東・関西に飛び火し、消費量を大幅に伸ばして「焼酎の時代」と言われました。焼酎を炭酸で割って果汁を加えたソフトな「チューハイ」が健康志向や個性化志向とマッチしてファンを獲得します。

第三次ブームは平成十二（二〇〇〇）年～十九（二〇〇七）年です。麦焼酎が先行し、それを芋焼酎が猛追して「芋焼酎ブーム」と呼ばれました。第二次ブームと同様、首都圏と大阪を中心に大都市で消費が急拡大しています。この間の平成十五年、焼酎の消費量が初めて日本酒を上回りました。

――こうした薩摩焼酎の歴史の一端に私もつながることになったのです。

原酒をブレンドして味を深める

さつま無双が創業した昭和四十一年当時、県内には二百を超える焼酎メーカーがありました。ほとんどは経営の厳しい小規模蔵元だったので、さつま無双には業界の救済役としての期待が寄せられました。先にお話ししたように、起業に加わった株主四十一社の原酒を仕入れてブレンドし、瓶詰めして商品化するという業態でスタートしています。

各蔵には蔵菌（蔵付き麹菌）がすみ着いていて、それが原酒の味になります。それぞれ特徴を持つ「蔵の味」があるわけです。いろいろな顔の原酒があるからこそ面白く、いいブレンドができる。「さまざまな原酒をブレンドして奥行きのある味わいを作り出す」というのが、さつま無双の売りです。

商品は「さつま無双」の統一ブランドで販売しています。無双とは「唯一無二」、つまり「薩摩に双《ふた》つと無い焼酎」という意味です。ブランド名は県民を対象に一般公募し、児童文学作家で鹿児島県立図書館長を務めた椋鳩十氏にも選考委員になってもらいました。創業期に発売した商品に「さつま無双赤ラベル」がありますが、これは戊辰戦争で官軍が掲げた赤色の「錦の御旗」をイメージしており、「鹿児島」をアピールしています。

相良栄二さんから社長を引き継いだ私は「赤字が続くこの会社をなんとしても再建しなければならない」の一念で経営に当たりました。「薩摩焼酎を日本全国へ、ひいては世界へ売り出す」という大目標を掲げて始まった会社です。ところが売れないものだから、昭和四十六（一九七一）年に開設した東京営業所を閉じるなど、県外店舗の営業をやめていました。鹿児島に引き揚げたスタッフが電話で営業する形態になっていて、三カ月か四カ月おきに営業員が東京などをセールスに回って来るぐらいでした。

私は「そんなことではいけない。焼酎を全国に売るという、さつま無双設立の原点に返りましょう」と県外店舗の再構築に動きます。東京には景気のいいときに取得していた土地が三軒茶屋（世田谷区）にあったので、まず「東京支店」として復活させ、続いて大阪にも支店を開きました。

一方、鹿児島市内はというと、メーカーが小売店名や個人名などを冠した安価なプライベート・ブランド（ＰＢ）の商品をたくさん作り、スーパーに売り込んでいるという状況がありました。これには同業者である地元の株主から「県外に売る会社を作ったのに、鹿児島市内で安売りしてわれわれを苦しめている」と猛反発の声が出ます。それでＰＢを全廃し、商品を絞り込みましょうと業界を説得して回りました。

そうやって態勢を整えていると、焼酎がボツボツ売れ始めたんですね。東京からも結構引き合いがくるようになり、あっという間に利益が出てきた。顧問として平成十二年度より経営に加わり、三年後の十五年度に十五年ぶりに復配にこぎ着けました。株主の皆さんは「十二年間赤字続きだったのに、どういうことか」と驚かれたり、「これはありがたい」と喜ばれたりしたものです。今考えると、焼酎ブームのはしりだったということです。

売上増に貢献した堀中利夫さんという優秀な営業マンの話をしておきます。焼酎の売れ行きがまだ弱かった時期の話ですが、堀中さんは業界誌の企画で「こだわり酒店」と紹介された全国の小売店に目をつけ、一軒一軒営業して歩きました。すると山梨県甲府市で焼酎の古酒に関心を示した酒店主と出会います。

当時、さつま無双は芋焼酎・麦焼酎・そば焼酎をタンクに貯蔵していました。しかし売れないものだから「三年もの」「五年もの」といった古酒になっていたんです。それでその話をしたところ、店主は「いい焼酎だから売りましょう」と言ってくれ、「ギルド会」と称する三十人ほどの同業者組織を抱えていることも教えてくれました。

堀中さんからその連絡を受けた私は、先方の関係者に東京に集まってもらうよう手はずを整え、翌日の飛行機で東京に向かいます。会談でギルド会の酒店主たちは「古酒だから価値がある。売れますよ」と積極的で、その場で契約を交わしました。

効果は期待を大きく上回るものでした。最初のころは一升瓶で月間四〇〇〜五〇〇本程度の注文だったのが、一年たつころには二千〜三千本のペースになります。売れ行きは東京を中心に増えていき、やがて五万〜六万本に膨れ上がりました。「これは大変だ」ということになり、流通経路の安定化のため各地に特約店を作ってもらうようギルド会に要請し

「焼酎ブーム」で増設した原酒貯蔵のタンク

ます。会員は全国に広がっていました。

なんでそんなに売れるのだろうと思ったけど、とにかく〝倍々ゲーム〟で売れるものだから製造が追いつかない。このままでは古酒の在庫が尽きるというので大きなタンクを屋外に十基ほど増設し、蔵元に造ってもらった原酒を、「黄金千貫」「紅乙女芋」など原料芋の種類ごとにタンクに貯蔵することにします。それまでは売れないから寝かせていて古酒になっていたのが、一転して計画的に古酒を造ることになったわけです。

原酒は普通、三カ月とか五カ月寝かせてブレンドに使います。しかし何か特徴を持たせないと売り物にならない。そこで最低一年以上、だいたい三年から五年寝かせてブレンドに出すようにしました。三年以上寝かせないと古酒とは言えません。古酒を売りにした「こだわり焼酎」は飛ぶ人気になりました。付加価値が価格に貢献し、小売店も問屋もメーカーも儲かる「三方一両得」を達成します。

話題を呼んだ「ヌーボー芋焼酎」

焼酎ブームのピークは平成十九（二〇〇七）年でした。その年、新酒だけでなんと七万本も出ています。ものすごかったですよ。その新酒の話ですが、その年に収穫したサツマイモと米麴でできた焼酎を「初釜新酒」として発売したのは平成十四年です。芋焼酎の場合、においやアクが強すぎて、鹿児島では新酒をそのまま飲むことはしないようです。古酒を四割ほど混ぜ、ほどよい味にして飲むといいますが、私は「古酒を混ぜたら新酒じゃないではないか」という主張を通し、「新酒一〇〇パーセント」を商品化しました。

初釜新酒は通常行う精製や熟成などの調整をほとんどせず、割り水をしただけの焼酎です。醗酵するガスのにおいや濁りが残っていてクセがあり、「そんなんじゃ売れませんよ」と言われました。しかし「出来たてホヤホヤのヌーボー芋焼酎」をうたって発売したところ、これが大当たり。全問屋から問い合わせがあり、集中して売れました。他のメーカーがどこも造らなかったということもあったからでしょう。

フランスのブルターニュ地方にボジョレーというワイン産地があり、そこでその年に収穫したブドウで造った新酒を「ボジョレー・ヌーボー」の名で呼びます。ヌーボーは「新しい」といった意味で、それになぞらえて「ヌーボー芋焼酎」とうたったわけです。焼酎出荷の九割を占めていた県外の市場で好まれ、話題にもなりました。

平成十九（二〇〇七）年五月、鹿児島県酒造組合連合会は「薩摩焼酎宣言」を行いました。これは「薩摩」の地域名を冠した薩摩焼酎が、WTO（世界貿易機関）の協定に基づく知的所有権の保護対象（地理的表示）に認定されたことを受けたものです。それを証明する「認証ブランドマーク」も制定しました。外国の同様な例では、ワインのボルドー、ブランデーのコニャック、ウイスキーのスコッチやバーボンなどがあります。

国際協定で地理的表示が認められたというのは、他の産地の商品との差別化ができることを意味します。「薩摩」という産地名自体がブランドになったのです。薩摩焼酎宣言は「私たちは、鹿児島県のさつまいもと水にこだわり、鹿児島県内で製造された本格焼酎のみに『薩摩』を冠し、品質の証しとします」以下、薩摩の芋焼酎を世界中で愛される蒸留酒に発展させる決意を表明しました。

私は県酒造組合の理事をしていたので、組合に「せっかくWTOの認証を得たのだから、本格焼酎の認証マークを有効利用し、瓶のキャップにマークを入れましょう」と提案しました。しかし「組合ではやらない」と賛同が得られない。そこで原酒を納めてくれるメーカーで協議会を立ち上げ、「地理的表示：薩摩」の文字とマークをキャップに印して出したところ、評判を呼びました。

　マークの活用で足並みをそろえた六社は瓶やキャップの仕入れも共同でやることにします。この件も最初は私から組合に持ちかけ、反応がなかったので「六社でやりましょう」と事業を立ち上げました。共同で仕入れて、例えば一本当たり一円安くなれば、四〇〇万本なら四〇〇万円、二円なら八〇〇万円が浮く。大きいですよ。共同仕入れの本数が最も多かった年度（平成二十一年八月～二十二年七月）は四二四万四千本でした。そういうことで毎年七十万円から八十万円の配当が生まれ、にぎやかに打ち上げ会を催したものです。

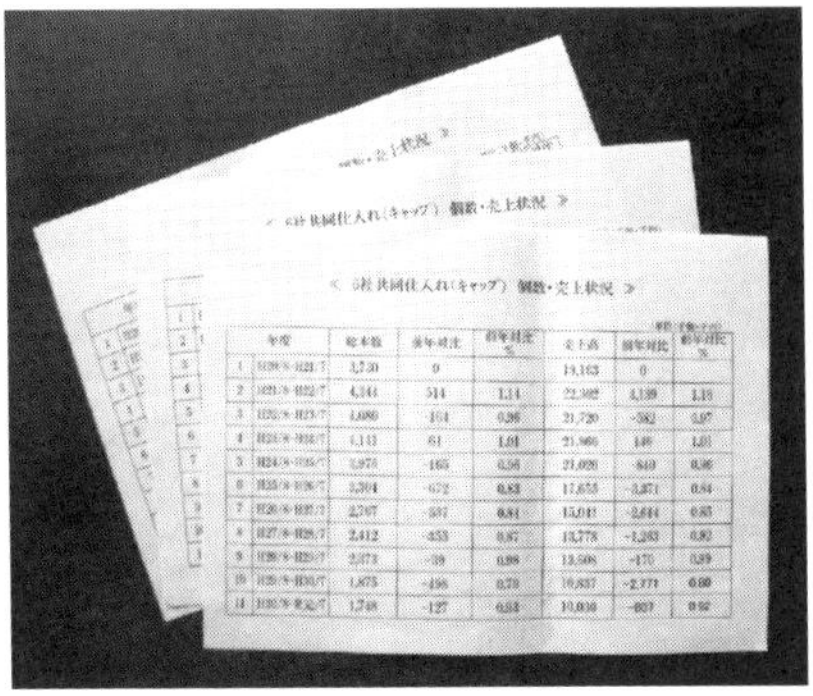

蔵元６社が共同で使用したキャップの実績表

　さつま無双とギルド会が連携を始めて十年ほどしたころ、取引していた小売店のなかに不良債権が発生し、売掛金を回収できない事例が出ました。ギルド会としては処理が難しいというので、当社で「土竜《もぐら》会」という組織を作り、特約店の許可を含めて業務の一切をこちらに移します。規模が膨らんだこの種の組織では、お金の管理は直取引でないとできません。

連携の在り方を見直した後、東京湾にクルーズ船を浮かべ、ギルド会と当方の関係者七十～八十人が集まって「十年祭」を催しました。さつま無双の今日の発展はギルド会の会員が全国に拡大したおかげなので、十年祭には感慨がありましたね。現在、さつま無双の商品は主に土竜会と問屋を通して県内外に販売されています。

伝統の製法で付加価値を高める

第三次焼酎ブームさなかの平成十六（二〇〇四）年、さつま無双は本格焼酎の製造に乗り出しました。翌十七年には本社（鹿児島市七ツ島）に芋焼酎製造の見学コースを設けた「無双蔵」と、焼酎の試飲や買い物を楽しんでいただく観光売店を開きます。企画力に優れた女性に店長をお願いしました。

無双蔵と売店を開設した狙いは、来店客に直接焼酎を買ってもらうとか、こだわりの焼酎を扱う小売店や百貨店と直接取引するなど、問屋に頼り過ぎない販路の多角化でした。

大きな投資を伴うので無謀かなとも思ったけど、指宿《いぶすき》に行く観光ルート沿いなので観光バスの立ち寄り先になるのではないか、と期待したわけです。思惑は当たり、日曜日には団体客を乗せた観光バスが十台前後、平日でも五～六台ぐらい来てくれました。蔵の方も月に五千人から六千人の見学客を迎えたものです。

業績が好調なときは社会への貢献を考えますよね。そのころは一例として、社会福祉協議会に車いすを年に四十台ずつ、数年続けて贈っていました。

そんな状況を変えたのは新型コロナウイルス感染症の大流行です。影響は大きく、観光バスの数もめっきり減って、今は我慢の時期でしょう。焼酎の出荷量の面でも、さつま無双の商品は飲食店向けなど業務用が中心なので、やはり影響を受けているようです。お酒を飲まない若い人たちが増えていることを含めて、業界に吹き付ける「時代の風」であろうと思います。

無双蔵では、地中に埋め込んだ甕壺《かめつぼ》で醪《もろみ》を造る「甕つぼ仕込み」や、手作りの木樽蒸留器を使った付加価値の高い焼酎を造っています。売店では無双蔵で造った焼酎と共に、さつま無双の株主である焼酎メーカー四十一社の商品もそろえています。この他、城山ホテル鹿児島の土産品店には「天無双《てんむそう》」を出しました。人気商品になっているということです。

天無双はグループ会社の三和酒造で製造を始め、現在はさつま無双が製造して売っていますが、三和酒造で造っていたとき鹿児島県本格焼酎鑑評会で最高賞に選ばれました。私は三和酒造の社長でもあったので表彰式に出席し、受賞者を代表して次の謝辞を述べました。

「今や国民酒として全国に認知されたと言っても過言ではない鹿児島の芋焼酎・黒糖焼酎ですが、一時のブーム的要素は収まり、現在は安定した販売高で推移しています。『地理的表示』の認可を受け、立派なロゴマークもできた薩摩焼酎ですが、その優位性を最大限に活かし、鹿児島県が一体となって県外産地との差別化を図り、その上で消費者の皆様に選ばれる薩摩焼酎になるように心がけていかなければならないと思っています」

伝統製法とブレンド力にこだわる天無双は、ラベルの裏書きで「天下に双つと無い（天下無双）焼酎をめざし、自然のまま・ありのままの（天衣無縫）芋の味を出す為に、蔵人が精魂込めて造り上げた本格芋焼酎。鹿児島県唯一の木樽蒸留器職人によって作り上げられた『匠の一品』を用い、芋焼酎の本場鹿児島で名立たる杜氏がその情熱を注ぎ込んで生み出したこれぞ自信作です。天にも上る酔い心地……」とうたっています。

ラベルの企画は女性の社員にやってもらっています。アイデアもいいですよ。女性は真面目ですし、きちんとした仕事をする。飛び込みで情報をとってきたりもしますしね。女性を活用することで会社自体も活気づくようです。

さつま無双製造の本格焼酎から「甕つぼ仕込み」「乙女桜」「もぐら」の三商品について、ラベル裏書きの説明を拾っておきます。

▼甕つぼ仕込み＝焼酎を造る過程で、原料のさつま芋と米こうじを混ぜ合わすと、醗酵が始まり、容器内で循環が行われるが、小さな甕《かめ》を使用することで、原料がまんべんなく混ぜ合わされ、更に手作業で櫂《かい》を入れて混ぜる事で、温度の均一化を図り、原料のもっている特性を最大限に引き出せるのが甕つぼ仕込みです。手間と時間と職人の技が造り上げた一品です。（「風格ある味わい」といった評価があり、ファンがついています。この銘柄だけで十年以上やっておられる寿司屋さんもおられます）

▼乙女桜＝すらりとした乙女のように芋の形が良いことからつけられたのが名前の由来だという「紅乙女芋」を使用しました。収穫後、一定期間貯蔵することで一層旨みが凝縮した紅乙女芋。時間が進むにつれ、貯蔵庫内はフルーティーな香りに包まれます。原料管理の難しさと仕込みの絶妙なタイミングで造りあげられた「乙女桜」。口に含むと広がるライチのような香りと優しい甘み、軽快な飲み口が飲む人を心地よい空間に誘《いざな》って

「芋焼酎もぐら荒濾過」の商品

くれます。

▼もぐら＝芋焼酎の材料で黄金千貫が理想と言われて久しい。今回、まるまる太った良質の黄金千貫が手に入った。ならば、この芋の地力を最大限に引き出すことこそ、蔵の努めと感じた。これを生かすため、七窪の自然湧水を使い、職人の技によって丹念に仕上げた。芋はよろこんでくれただろうか。今回、芋を見た時、もぐらを思い出した。そして、これが酒名の由来となった。

若者が新しい時代の幕を開けた

伝統の技ということで言えば、鹿児島には焼酎製造の技術集団として名高い「黒瀬の杜《とう》氏《じ》」の存在があります。黒瀬は現在の南さつま市笠沙町の一集落で、最盛期は杜氏と蔵人（杜氏の弟子的な蔵の技術者）が合わせて四百人ほどいたそうです。その道に入ったら先輩杜氏について見よう見まねで仕事を覚え、早い人で四年から五年で一本立ちして杜氏になるという世界です。

焼酎の製造時期だけ生産地に出稼ぎに行く彼ら職人について、『笠沙町郷土誌』（平成四年発行）は「黒瀬に杜氏が現れたのが明治時代後期である。黒瀬は耕地が少なく、現金収入がなかったために現れたのではないだろうか。杜氏をして帰ってくると農業をする」とその生活を伝えています。現金収入という点では農業よりも杜氏の方が多かったということです。

「黒瀬の老杜氏」像（杜氏の里笠沙）

笠沙町にある焼酎造り伝承展示館「杜氏の里笠沙」は本格焼酎の製造工程を映像やパネルで紹介している博物館的施設です。入館者が手にするパンフレットは杜氏の故郷の今昔について「男たちは季節になると、九州一円の酒造場に出稼ぎにおもむき、杜氏、蔵子として腕を振るったといいます。彼らは『黒瀬杜氏』と呼ばれ、焼酎醸造の一切をまかされました。機械化が進んだ現在、杜氏たちの経験に頼る手作り焼酎は減りつつあります」と述べています。

伝承館が伝える焼酎製造の流れは次の通りです。

【製麹】洗って蒸した米を種モミ台で冷ましながら種麹を植え、麹室で寝かす。

【一次仕込み】寝かした麹を一次甕に移し、水を注いで培養された送元（酵母）を加える。

【一次もろみの管理】甕のなかの一次もろみを時折ゆっくりかき混ぜ、均等に変化させながら炭酸ガスを抜いてゆく。

【サツマイモの仕込み】原料となるサツマイモを洗い、不要な部分を取り除き、蒸し器で蒸して粉砕する。

【二次仕込み】一次もろみにサツマイモを粉砕した二次もろみを投入し、八日間発酵させる。

【蒸留】醸成したもろみを樽式蒸留器に取り、加熱水蒸気をそのなかに吹き込んで蒸発してきたものを冷やして酒分を取り出す。

【貯蔵】蒸留された焼酎を貯蔵タンクにためて醸成する。二〜三カ月の間、醸成する。

【瓶詰め】洗浄して乾燥させた瓶に瓶詰め機で焼酎を詰め、栓をしてラベルを貼る。


――こうした製法にのっとって「薩摩焼酎」が生まれます。

焼酎製造の技術とその世界を語った重田稔著『焼酎手帖』は、乙類焼酎（本格焼酎）の人気を促した技術の向上について「乙類業界の指導・育成は熊本国税局の重要な業務となり、同局鑑定官室技術陣の総力が技術指導のために結集されており、このための組織的な研究が早くも敗戦直後の昭和二十四年から開始された」と解説しています。

国税局技術陣の支援を受けて製造技術を飛躍的に高めた焼酎業界は、地場産業としてそれまで足元の狭い市場を対象にしていたのが、全国に目を向けるようになります。それが「企業力の強化を目的として数軒あるいは十数軒の醸造元が地域的に集結し、共同製造・共同びん詰をおこなおうとする動きが各地でみられるようになった」(『焼酎手帖』)という動きに現れます。

一方、消費者の側はというと、人口の過半数を占めるようになった若い人たちは焼酎に対する偏見など持たず、戦前や戦中派のように見栄や外聞で酒を飲むようなことはしません。嗜好が多様化した現在、そのときの気分で焼酎も清酒もビールもウイスキーも飲みます。そうした時代の潮流に乗って、焼酎は鹿児島→福岡→大阪→東京と北上するルートで大都市に浸透し、ブームになっていきました。

第九章　経営の心を伝える

無双蔵の仕込み作業

安売り競争には巻き込まれない

平成二十四（二〇一二）年から二十六（二〇一四）年にかけて、さつま無双の新年営業会議と無双蔵役員会での私の発言が「岩元会長語録（抜粋）」として残っています。藤崎嘉鴻総務部長が記録してくれていたものです。内容はその時期の業界と社業の状況を踏まえて語ったもので、いわば「時代の証言」ということになりましょう。一部を要約して収録しておきます。

【平成二十四年一月六日〜七日、さつま無双新年営業会議】

▼ブランド力を高めよう＝今まで実行性のある会社を目指して頑張ってきた。昨今は変革が激しく、何が起こるか分からない。臨機応変に対応できる会社にしたい。みんなの働

きがいのある会社にしたい。そのためにはどうすればよいか。売上を伸ばし、どのように定着させるかである。ブランド力をいかにして上げていくかである。

さつま無双は県外向けの会社だが、二〜三年前から売上が落ち込んできている。県内であればブランドはあまり影響なかったが、県外に出ると「鹿児島でのシェアは何％なのか」と問屋から聞かれる。やはり、鹿児島でブランドがないとダメだ。県内・国内で強く、売れている銘柄は海外でも売れる。

▼全員で売上増加を目指そう＝収益力が安定していないとダメだ。さつま無双は低下してきている。元に戻したい。適正価格にすることだ。安売り競争に巻き込まれないことだ。県内の他メーカーの一部は県外でも安売りしている。しわ寄せは人件費に反映されてくる。私は皆さんの生活を守ることを一番に考えている。競争しないといけない場合もあるが、安売りは愚の骨頂だ。

三和酒造の「かいもん、芋でごわす」等、粗利の低いものを当社で売ることになったため、さつま無双の粗利益がジワジワと低下してきている。機械設備の更新、修理も必要。瓶詰めの機械、パック詰めの機械は毎月故障が発生している。十年もたつと能力が落ちてくる。小瓶の詰めなど各地区から要望もあるが、収益が出ないと対応できないことになる。

人件費は三五％以下（粗利の七割を一般管理販売費とみて、その五割を人件費とみるとき）に収まらないといけない。でないと企業は赤字になる。当社の状況としては収益が厳しくなってくる。サポーターの協力が必要だ。お中元・お歳暮の時期等、全員で売上増加に協力する姿勢が必要である。

▼女性の登用を考えたい＝当社創立時の基本に返ることである。県外向けの会社として、また、県内シェア一〇％を目指す。問屋から鹿児島県シェアを聞かれたとき、返事に困らないようにすることだ。

十九年～二十年度にかけて「鹿児島」が「東京・関東地区」を抜いた。（十九年度＝鹿児島六億八千万円、東京地区六億九五〇〇万円／二十年度＝鹿児島七億六千万円、東京地区六億七千万円）。関西地区、東京地区など、マーケットの大きいところでは鹿児島地区を抜いてほしい。当社設立の目的が何であったかを分かってほしい。設立時の基本に返ってほしい。

役職によって役割分担がある。各人、責任を持って役割を果たすことだ。目配り、気配りをすることだ。また、情報を営業に生かすようにしてほしい。女性の活用については、女性でもやる人はやる。どこでも飛び込んでいく人もいる。商品づくり・営業に女性を登用することを考えてもらいたい。

▼自信と誇りを持ってほしい＝当社は製造をしていないブレンド技術の会社である。このような企業は焼酎メーカー・蔵元にはない。他社にない特徴のある会社であり、自信と誇りを持つことだ。ブレンド技術で商品を高めていく。単なる「味つけ」ではなく、一つのブランド商品をつくることである。

焼酎ブームは再来するか

新規事業として「無双の商品を売っていく店」の展開も考える必要がある。オーナーを見つけて、半年間は支援するとか、そのような援助を組み込み、「さつま無双のチェーン店」みたいなものをつくるとか、いろんな方法を考えてほしい。そうすれば、無双の商品が広がっていくことにつながる。

商品の「甕つぼ」一本で十年間営業している料理屋がある。飲んだ客が七ツ島の無双蔵売店にみえるケースもある。そんな店が十店舗でもできれば無双の商品は広がるのではないか。ブランドの確立を一人ひとりが真剣に考えてほしい。

▼新しい組織に結集を＝さつま無双の流通を広げた「ギルド会」は解散した。解散時は東京でクルーズを借りて解散式をやった。

その機能を受け継ぐ「土竜《もぐら》の会」を、秋には立ち上げたいと考えている。全員が一致協力し、社長の営業方針に従ってほしい。

営業企画のスケジュールは地域性・問屋・取引先を一番分かっている地区でまず作る。それを本社で吸い上げてまとめたらどうか。そのときは、業務・量販・小売店の三本柱ごとに織り込むこと。そして、主管をどこにするか。関係先、部署とよく協議して、いいものを作ることが肝要だ。

各拠点・営業店ごとに作ったスケジュールはパソコンで企画部門へ流すようにしたらどうか。追っかけて、継続的業務改善のシステムを作ることだ。商品と企画の内容を見たい。こうやりたい、というものを地区ごとにまとめることである。

株式会社として軌道に乗せたい

【平成二十四年十一月二十九日、無双蔵役員会】

▼通販事業に取り組む＝先発の通販業者の状態からして、「通販事業」で飯が食える最低の目安は、年間売上五千万円程度がバロメーターである。しかも、少ない人員でできる事

業として多くの業種で手掛けている。

当社でも業績の向上と収益の改善を図る事業の一つとして、新たに通販事業を手掛けたいと考え、「通販企画」を立ち上げた。「無双蔵売店」で販売している諸商品を最少人員で全国展開できる事業として通販を企画し、平成二十一年七月に通販免許を取得。平成二十二年二月には楽天市場に参加した。

また、「魅力ある商品案内・アクセス数の増加」を図る通販担当者は蔵売店との兼務・片手間でできる仕事ではないので、斯業経験と経営感覚を有する人材を探したが、なかなか見いだせずにいる。

▼経費の節減を図る＝無双蔵の業績としては、前年度（第四期）に創業以来、初めて当期純利益四五〇万三千円を計上したものの、過年度の繰越損失を解消するには至らず、当年度（第五期）へ四一四万九千円の損失を繰越した。

少しでも赤字が減るように通販事業で努力しているが、収益面でプラス貢献するにはまだまだ程遠い状態で、一般管理販売費に粗利の九二％が食われている。今後とも人件費および販売経費、その他経費の見直し・節減を図り、引き続き経費の抑え込みに努めていく。

しかし、経費の抑え込みだけではどうにもならない。粗利率は三割を超えているので、

魅力ある商品案内
を発信し続ける

売上高が増えれば利益もついてくるはずである。従って、売上を伸ばす必要がある。そうすれば当然、利益も増えることになる。

▼マンネリ化を防止しよう＝平成二十三年三月の九州新幹線全線開業による恩恵が、その後十四カ月間続いたが、このところの売上高の推移は厳しい状況にある。平成二十四年六月以降、六カ月連続して前年同月対比で一五％程度の落ち込みが続いている。当面、通販売上高としては月間三〇〇万円～五〇〇万円を目指しているが、最近は月間五十万円～六十万円程度で、パッとしない。

無双蔵も当年度は第五期に入ったので、株式会社として軌道に乗せたい。そこで経営陣を強化するべく、平成二十四年九月開催の定時株主総会で新たに久木原企画部長が無双蔵の取締役に就任した。専任ではないが、責任を持ってやってもらう。今まで、どうすればよいのかを考え、対処する責任者がいなかった。

さつま無双と無双蔵売店との人事異動も行った。同じ職種・職場・持ち場に長くいると、往々にして判断感覚が慣れてしまい、考え方や対応もマンネリ化してくる。新たな見方や感覚を忘れないようにすることも大事だ。新たな持ち場を新たな視点で見ることは、新たな気づきも生まれる。異動はそういう意味で今後も行っていく。

新幹線全線開業の効果は薄らぐ

【平成二十五年一月四日～五日、さつま無双新年営業会議】

▼業界は消耗戦をやっている＝当社は焼酎製造会社一〇一社中、十九番目に位置している。銘柄が多いので、管理に難儀している。三和酒造および無双蔵を含むさつま無双グループは人も資本も一緒だが、無双蔵だけは苦しい。九州新幹線全線開業効果も落ちた。

業界の一部はものすごく価格競争をやっている。これに巻き込まれると大変だ。当社は未納税酒を仕入れて商売をしているのだから、そうならないよう

「ひかりは西へ」で始まった
新幹線時代（鹿児島中央駅）

にすべきだ。業界は消耗戦に入っている。一本付け、二本付け、販促・協力金を要求される動きがある。そうなれば、酒造業全部がダメになる。

当社は土竜の会、蔵売店、問屋（業務用専門の通販会社）で稼いでいる。三和酒造は通販で三千万円の利益。未納税でも利益が出ている。無双蔵で売上高一億円×粗利率三〇％の粗利三千万円が出ている。

三和酒造の売上高の九七％は通販A社によって得た稼ぎである。しかし、通販に頼りすぎていると、取引が縮小した場合には飯が食えないことになる。一社集中は怖いし、困る状態でもある。

全般的には、新しい取り組みとして「輸出」に力を入れる。五千万円程度あれば飯が食えるが、当年度十二月までで四〇〇万円なので、今年度は一千万円くらいの見込みだ。現在輸出国は十二カ国。八月に米国、十一月にフィリピンとベトナムに出荷した。シンガポール、ベトナム、台湾と売れているので、タイあたりに現地人を雇って、駐在事務所を設けたいと考えている。

▼商品作りに現場の声を＝今年度、上半期の売上は良い。さつま無双も前年同月比一〇〇％くらいで、七月〜十一月までは良かった。ところが十二月に落ち込んだ。十二月二十

八日までの営業で、二十九日以降、休みに入った蔵元は当社だけである。公務員並みであった。大企業病になっていないのか？　私にはそういう気がする。他社は二十九日、ないし三十日まで営業をやっている。土竜の会の店もあるのだから、商売はできるのである。最後まであきらめないことだ。できない理由ではなく、どうすればできるかを考えることが大事だ。

売店もこのままでは飯が食えないので、通販や飲食店向けの拡販ができないものか。そのような飲食店があれば、なんらかの支援もしていきたいと考えている。

皆さんの努力で、グループ三社の売上高合計は現在のところ一〇四・五％である。鹿児島県内限定の銘柄をという希望もあるが、鹿児島県内では限度があり、一定量以上は増えない。プラスは前年対比であり、計画対比ではないのが残念である。最終的には現場主義が第一なので、みんなの「現場の声」を出してほしい。特に季節向け商品に対する声が聞きたい。

▼利益が出たら還元する＝さつま無双の当年度十一月までの損益状況（前年同期間対比）をみると、売上高六億三八〇〇万円（前年同期間対比一〇九・八％）、粗利一億九三〇〇万円（一〇八・八％）、粗利率三〇・三％、経常利益七千万円（一四一・九％）、経常利益率一一・

〇%。経常利益率は売上高の一〇%をクリアしている。また、前年の経常利益率は八・五%だったが、これもクリアした。内部留保として、別途積立金八億円、自己資本合計九億七五〇〇万円、自己資本比率六〇・九%。

三和酒造は売上高二億円（前年同期間対比一〇一・七%）、粗利二八〇〇万円（九三・二%）、粗利率一四・一%、経常利益一二〇〇万円（七八・九%）、経常利益率六・一%。経常利益率は前年の七・八%を下回ったが、十二月が増えてきているので、追いついてきている。最終的には三千万円程度の利益になるとみている。内部留保として、別途積立金一億円、自己資本合計一億三五〇〇万円、自己資本比率五七・七%。

無双蔵は当年度七月～十月まで、ずっと赤字が続いたが、十二月度で経常利益二三〇万円の黒字が出た。前年度からの繰越欠損（四一〇万円）が残っているので、今年度中には繰越欠損を解消したいと思っている。

粗利率が三〇%あるので、売上高が増えれば利益も増えるのだが……。極力、みんなに収益還元するため、業績が安定した平成十六年度から決算賞与を払ってきたが、平成二十三年度から一律賞与払いとした。しかし、利益が出れば還元したいと考えている。利益が出ないと、どうしようもない。人が一番大事と考えている。二十五年一月～六月を頑張ってほしい。新商品を勉強して、良い決算ができて、みんなに還元できればと考えている。

働く人たちの暮らしを思いやる

【平成二十六年一月、さつま無双新年営業会議】

▼創業の精神に立ち返る＝私が当社との関わりを持ったのは平成十二年で、十六年八月に正式に役員になった。その間は顧問であった。当時が今も思い出されてくる。当時は赤字が十二年間続いていたため、鹿児島県信用保証協会の保証付きでないと銀行は金を貸してくれなかった。

会社設立時のさつま無双は「全国に売りましょう」という経緯でできた会社だった。鹿児島の蔵元が株主になり、瓶詰め会社として立ち上がった会社である。私が経営に入ったときは東京と大阪を引き揚げ、鹿児島だけでやろうということになっていた。そこで私は「設立時の原点に戻り、東京を主体にしてやろう」と復活させた。安価なプライベート・ブランド（ＰＢ）商品の見直しをやり、諸々を全廃した。売上は減るが、赤字を止めることに注力した。もうからないものはやめるということで、商品の絞り込みをやった。それが

「さつま無双」従業員の慰安旅行（上海市）

第一の段階だった。

▼守ってくれた人たちがいた＝ブランドの確立が大事だと考え、こだわり商品として「甕つぼ、桜門、酔彩」ほかで走り出したが、倉庫いっぱいに残って満杯状態だった。未納税酒を仕入れたいが、当社に対しては売ってくれるところがない。当社の支払いは十カ月の延払い手形（〃お産手形〃と言われた）だった。それでも相良酒造が頑張ってくれた。当時の人の中で、堀中利夫さんたち三人が残って守ってくれたから、現在のさつま無双がある。

当時のシェアは、県外九〇％（東京四〇％、大阪三〇％、九州・中国・四国二〇％）、そして鹿児島県内は一〇％だった。そうこうするうち、焼酎ブームが始まった。当社の立地場所は指宿に向かう道路に面しており、環境もよかったので、売店をやれば柱になるのではと考えた。その前に、休眠会社となっていた三和酒造を買収することに努力した。

▼社員が満足感を覚えるように＝社員を大事にして、物心両面で満足できるようにと取り組んだ。パートまで含み、創立記念日に「なにがしかの記念品」「お年玉」を実施した。

女性の活用では、総合職や一般職で雇っても辞める人が多い。昇給が男女で違うので、これらに取り組んでいきたい。家族手当は就業規則を改め、子どもについては増やし、奥さんについては減らした。これからは夫婦共働きが増えるだろうから、収入が生まれる奥さんよりも、子どもを主体に考えた方がよかろうと配慮した結果である。

グループの現状は十二〜十三年前に戻ってきているので、原点に返りたいと考えている。新しい業種としては、国内だけでは焼酎は厳しい。通販をやっているが、なかなかうまくいかず、女性を担当に入れて取り組んできた。このところ、通販の売上状況としては平成二十五年二月以降、一〇〇万円を下回る売上高はない。一三〇〜一四〇％の伸び率である。国税局が発表する課税出荷状況のデータ（月間）は、さつま無双は六カ月で三回マイナス。三和酒造は全部プラスで、マイナスはない。

新聞記事になった海外への挑戦

この「語録」にもありますが、国内の市場が飽和状態になるのを見込み、輸出に活路を求める取り組みも進めてきました。特に中国です。何度も視察に行きましたが、目覚ましい経済成長と巨大な人口は市場として大いに魅力があります。初めは商社を通して輸出を始めたものの、消費者の嗜好や市場の動向をつかむには商社に頼るだけではなく独自ルートを開きたいと、平成十九（二〇〇七）年に鹿児島から出荷する方法に切り替えました。

輸出銘柄は「さつま無双黒」など八銘柄で、最初は七二〇㎖瓶を中心に約四千本出しました。しかし独自の取り組みはいいとして、商標登録や衛生管理など中国の厳しい基準をクリアするのに苦労が伴うのですよ。商品が店頭に並ぶまで二カ月も要したりとか……。

米国にも商談でロサンゼルスとハワイに何度も行きました。寿司屋がたくさんあって、入ると棚には日本酒がズラッと並んでいる。それを見て「こりゃ、焼酎もいけるな」と思ったものだから、商社を通して輸出を始めました。しかし米国は瓶の容量がベトナム・タイ・シンガポールなど東南アジアの国々と違います。米国向けに新しく瓶を作らないといけない。なかなか条件が難しい。思い通りにはいかないものです。

東南アジアではシンガポールに営業の拠点を置くことを考えました。ところがシンガポールは家賃や人件費が東京並みと高い。これじゃいかんと、今度はタイに作ろうとしました。そこで現地の人を採用しようと募集したところ、三人ほど応募があり、面接したうえで鹿児島に呼んで研修までやりました。採用を決めて通知を出したのですが、そのまま連絡が途絶えてしまった。いろいろ応募先があったようで、よその会社に行ったのでしょう。結局、あきらめました。

海外に目を向けて商談に走り回っていたころ、うれしい便りが届きました。差出人は宮崎県在住の高木三志さんという方。鹿児島銀行時代の私の先輩です。中国への輸出ルート開拓の取り組みが新聞記事になり、それを読んだということで、励ましのお手紙でした。

「遠く中国の地まで自ら出張され販路拡大のため市場調査に乗り出されている様子を承り、古き鹿銀時代の貴兄のお姿を思い、どこにこの様なバイタリティーが残っていたのかとびっくりしますと共に感銘を受けました。銘酒無双は当地方でも入手出来ますので時々愛飲していますが、矢張り本格的薩摩焼酎です」

そんな文面に、「記事を拝見してなつかしさの余り」と書き添えられていました。私も昔を思い出したりして、ありがたい気持ちになりました。

銀行時代に一緒に働いた人との思い出には次の話もあります。

後輩に川井田健一さんという方がいて、定年退職後は音楽活動を始められました。その川井田さんが平成十四年のある日、「定年」という歌を作詞・作曲したからと言ってCDを持ってみえた。「団塊の世代」と呼ばれる昭和二十二～二十四年生まれの人たちが定年を

しんみりと歌い、聴く
「定年」のジャケット

迎えようとしていた時期で、彼らへの応援歌という思いで作ったと言われる。私のところに持ってみえたのは「CDと焼酎をセットで売れないだろうか」という相談でした。

「そんな貴方についてきた」という副題がついた歌詞の一部はこうです。

♪行ってくるよと出かける貴方／いつものように見送るわたし／今日は定年退職の／最後の勤めに出る日です
『上手な世渡りできないが　男は仕事で勝負する』／これが口癖、不器用な／そんな貴方について来た
♪上手ひとつが言えない貴方／男の夢を散らした夜は／無口になって耐えていた／仕事ばかりじゃ駄目なのよ
だけど今日まで頑張った／貴方が残した功績は／みんな私が知っている／そんな貴方について来た

定年を迎えた日の朝、夫を送り出す妻の心情を歌った歌です。しんみりとした曲の流れも、その情景に通じるものになっています。この歌の心について、川井田さんは先年、自身の音楽活動二十周年を記念してまとめた『さつまびと歌集』に次のように書かれている。

――サラリーマンに定年退職の最後の出勤日の朝が来る。今日、出社すれば、会社の机には花瓶が置かれ、きれいな花が飾ってある。入社以来、背広の胸元に輝いていた会社のバッジも返却する。今日と明日は全ての風景が変わるのに、この日の玄関口の時間は昨日までと何一つ変わらない。そして、いつものように「行ってくるよ」と玄関を出る。新入社員の日々、そして結婚、子供の誕生、昇進の日、転勤……思い出は、走馬灯のように浮かんでは消える。妻は、この日の玄関口で「あなたが残した功績はみんな私が知っているよ」と心の中で呟いて夫を送り出す――

この話を持ちかけてくれたことがきっかけで「定年」という焼酎ができました。黒麹仕込みの原酒を素焼きの甕で半年間熟成させたもので、アルコール分は通常よりやや高めの三〇%。これが二本セットで、足して「六〇」になるという洒落《しゃれ》の意味合いも含まれています。「まさに定年を迎えるお父さんへのプレゼントとして最適な商品だと思います」とPRして売り出しました。

商品名でユニークといえば「升升半升」もあります。「ますますはんじょう」と読みますが、二升五合入りの焼酎の大瓶で、店舗の改装記念用などにけっこう注文が入ります。飲食店などに飾ってあるのを見た人もおられるでしょう。大相撲九州場所のときは横綱白鵬関（当時）を鹿児島の後援会が城山観光ホテルに招き、激励会を催していましたが、その場で私から白鵬関に升升半升を渡していました。ドシッとした大瓶ですが、横綱に持ってもらうと、大きくは見えませんでしたね。

東京・銀座のデパートの依頼で、さつま無双の芋焼酎「桜門」を漬け込みに使った明太子も商品化されました。商品名は「九州明太子　芋焼酎漬　徳平《とくべい》」。原卵は米国産の完熟卵、塩は長崎県産の天然塩、水は大分県日田の水、それに桜門という組み合わせで、「芋焼酎の華やかですっきりとした口当たりと香りが明太子の旨味と溶けあい、腰深く風味稀なる辛子明太子に仕上がりました」とうたって食通を誘いました。

新陳代謝が必要と会長職を退く

鹿児島商業高校の一年後輩に葉山薫さんという方がおられます。いちき串木野市出身。

鹿児島商業から一橋大学商学部に進み、昭和三十三（一九五八）年に大学を卒業すると東京銀行に入行されている。高校時代の記憶はなく、銀行に就職してから面識ができました。

葉山さんに『航跡』という著書があります。自分史です。そこに銀行時代の履歴があり、ロンドン、ニューヨーク、ホンコン、大阪など内外支店の要職を務め、専務ニューヨーク駐在、東京三菱銀行副頭取、ユニオン・バンク・オブ・カリフォルニア取締役会長、三菱東京ＵＦＪ銀行参与を経て平成十九（二〇〇七）年に退任されています。

銀行を退職し、一段落したところで「郷里に何か恩返しができないか」と考えた葉山さんは、平成十六年から十九年まで鹿児島国際大学の非常勤講師として学部で国際金融論を教え、大学院では「経済のグローバル化と金融」という題のワークショップを担当されます。この間の平成十七年には南日本新聞の客員論説委員として「論点」を執筆されました。

論点の主要テーマは「経済のグローバル化」です。記事の見出しを並べると「経済のグローバル化と日本」「主要新興国も交え通貨討議を」「ペイオフ解禁と資産運用」「敵対的買収と企業統治」「協調が生んだＥＵ拡大と深化」「中国との一体化進む香港経済」「日系アメリカ人の戦後六十年」「中国人民元改革の行方」「構造改革進み『日はまた昇る』」「米国経済とグローバル化の影響」「経済グローバル化の流れを読む」でした。その方面のスペシャリストです。

『航跡』には母校の鹿児島商業一一〇周年記念式典で行った講演の原稿も収載されています。「串木野からの汽車通学でした。毎朝六時過ぎに家を出て、一番列車に飛び乗り、西駅から天保山まで歩いての通学でした。おかげで、今も足腰は丈夫です」と語り出し、「グローバリゼーション（人・モノ・サービス・金が国境を越えて自由に移動する現象）の中での日本」というテーマで話されています。

「日本人は英語が下手ですが、これは英語ができなくても食うに困らなかったからです。これからは、英語を話せるとそれなりのご利益があると思います」

講演を通して、葉山さんが日本の将来を託す若人に贈った言葉です。平成二十年には島津興業の社長に就任し、経営の立て直しを図られました。今は東京に帰っておられますが、同窓会では会う機会があります。

講演といえば私も鹿児島銀行時代からずいぶんやってきました。鹿児島銀行は支店・営業店ごとに地元の取引先を組織化した「経友会」というのを作っていて、企業経営者の勉強会を開催したりしています。本店の部長時代でしたが、私も出席した経友会の会合で、講演を予定していた役員が所用で急に出席できなくなった。それで私が代理で講演をしたのが最初です。以来、あちこちの営業店から講演の依頼がくるようになりました。本店勤務ばかりで、県内の支店勤務がなかった私ですが、屋久島・沖永良部島・徳之島などの離島を含めて全県下を講演で回っています。

その話が広がって、銀行から共同倉庫に移ってからも、さつま無双に転じてからも、講演依頼は続きました。一般企業からも「聴講した人から聞いたから」と話がくる。そうなると断れません。内容はおまかせしますという要請が大半で、会社の業績、企業再生の歩み、社内の活性化、業界との協調、社会への貢献といったテーマでお話をしました。社員教育などで毎年依頼されるところもあり、「いや、同じ話になりますから」と言うと、「聴講者は毎年かわりますので」というわけで、次の年も、また翌年も……となります。

著名な企業の次世代リーダーと目される人たちを対象にした教育プログラムでは「薩摩焼酎〝さつま無双〟の特長と、今後の経営ビジョンとは」を仮題として与えられたことがあります。受講者たちはそれぞれ「新事業創造・マーケティング・新サービス開発・営業改革の担い手」ということで、焼酎メーカーとしてのブランド戦略や人材育成などとともに、企業の再建に実績を上げた私の経営哲学に関心があるようでした。

私の経営理念は「社員の物心両面の幸福を追求する」です。私も下積みから苦労してサラリーマン生活を送ったので、社員のことを第一に考えて経営に当たりました。何より平和であって、みんなが豊かな生活ができる社会であってほしい。それが私の願いであり、社員にもそういう思いを前提に話をしてきました。さつま無双では定年退職者についても親睦と融和を図りたいと考えて「さつま無双親和会」を発足させ、私が提供した基金を基に懇親会を開催しています。

さつま無双の社長を三期六年務めた私は平成二十八（二〇一六）年に会長に就任します。赤字で受け継いだ会社でしたが、一〇億五千万円の内部留保ができました。さらに会長を三期六年務め、令和四（二〇二二）年に相談役に退きました。

鹿児島観光のシンボル
「SHIROYAMA HOTEL kagoshima」

さつま無双は元々オーナー社長が務められ、私は初めてのサラリーマン社長でしたから、いわば〝つなぎ〟であり、いつか蔵元さんにお返ししなければならない。ズルズルなっては示しがつきません。新陳代謝しないとダメだから、「社長六年、会長六年、つごう十二年で辞める」――そのようにきちんと決めておきましょうと言って、関係者に了解してもらいました。

会長退任とともに、日本酒造組合や九州本格焼酎協議会などの役員も退きます。翌五年にはさつま無双の相談役も辞めて完全無役になりました。ただ、三和酒造と無双蔵の会長は務めています。

この間、城山観光株式会社の監査役をやっていた時期がありますが、体を壊したため、任期を二年ほど残して退任しました。ホテルの役員会では毎月、中華・和食・洋食の半年先のメニューを試食します。新メニューの評価を聞かせてもらいたいという料理長からの要請です。大切なホテルの業務ですが、私は医者から厳しい栄養制限を課せられていたんですね。それで「これは大変だ」というので辞めた次第でした。

第十章　鹿児島と私の人生

「卒寿の祝い」の記念写真（令和４年11月）。大黒頭巾をかぶった私の隣は永田文治さん。後列は右から東清三郎さん、前田俊広さん、重留伸哉さん。鹿児島銀行の審査部時代に仕事を共にした皆さんです

戦いに生き、薩摩の歴史になる

鹿児島には歴史が満ちていると言われます。歴史を語るというなら、まず島津家の話になるでしょう。初代忠久が南九州最大の荘園「島津の荘」に着任以来、明治維新まで国替えもなく南九州の地に根を下ろし、約七百年にわたり薩摩・大隅・日向を治めてきました。群雄割拠の世は戦いに明け暮れ、時代の名君を生んだ歴史でしたが、その歩みの中で鹿児島の風土が育まれ、今日の県民性の土台ができたのだろうと思います。以下は、島津顕彰会発行の『島津歴代略記』を基に記述した藩主の横顔の一部です。

▼**島津忠久**（初代守護職）＝源頼朝の長庶子。文治元（一一八五）年、頼朝から島津の荘の下司職に任じられる。翌二年には地頭職に任じられ、島津姓と十文字の紋を賜る。同三年には南九州三カ国（薩摩・大隅・日向）の守護職になる。主に鎌倉に在勤。人望厚く、学

芸に秀でていた。鎌倉で没。四十九歳。

▼**島津久経**（三代守護職）＝文永十一（一二七四）年の蒙古襲来で、鎌倉幕府は西国の御家人たちを帰国させ、守備に当たらせた。久経も建治元（一二七五）年、任国薩摩に下り、島津一族や薩摩の御家人を率いて筑前筥崎で異国警固・石築地の役に就く。筥崎で没。

▼**島津氏久**（六代大隅国守護職）＝神仏を崇敬する心が篤く、諏訪神社（鹿児島市清水町）や若宮神社（鹿児島市池之上町）などを建立。また、坊津の真言宗一乗院に寄進してこれを保護した。応安七（一三七四）年には海外貿易で財力を蓄積しようと明国に使者を派遣している。

▼**島津久豊**（八代守護職）＝薩摩全土に守護の支配を確立する。李朝朝鮮と積極的に交易を行うなど、海外貿易を盛んにした。応永三十二（一四二五）年没。

▼**島津忠良**（十五代貴久の実父）＝幼少から聡明で、強い意志の持ち主だった。人格・学問の成就を説く朱子学を重んじ、儒教の教典の一つである『大学』を愛読。「忠孝・仁慈」の心を説いて示した。「日新公いろは歌」の作者。

▼**島津貴久**（十五代守護職）＝忠良の長男。薩摩の全土、大隅の大半、日向の一部を統治下に置く偉業を推し進め、後に「島津家中興の祖」と称えられる。天文十二（一五四三）

年、ポルトガル船により種子島に鉄砲伝来。同十八（一五四九）年、フランシスコ・ザビエルが伊集院で貴久に会い、キリスト教の布教を認められる。

▼**島津義久**（十六代守護職）＝貴久の長男。戦乱や政務の間にも学芸を重んじ、和歌や連歌を作り、茶の湯をたしなんだ。人々の教訓とする「いろは歌」を残している。「世の中の米と水とをくみ尽くし　つくしてのちは天つ大空」が辞世の歌。

島津義弘公の像（伊集院駅前）

▼**島津義弘**（十七代当主）＝幼少から勇武を好み、心身の鍛錬に励んだという。豊臣秀吉が全国の大名を動員して行った朝鮮出兵（文禄・慶長の役）では高齢の兄義久に代わり出陣した。秀吉没後、慶長五（一六〇〇）年に起きた関ヶ原の合戦では西軍で戦って敗退。薩軍一千を率いて決死の「敵中突破」を強行し、多くの兵を失いながらも大坂から海路帰国している。義弘を祭る徳重神社（日置市）に詣でる「妙円寺参り」は、往時の武勇と苦難をしのんで営まれている行事。辞世の歌に「天地《あめつち》のひらけぬ先きの我れなれば　生くるにもなし死するにもなし」がある。

▼**島津家久**（十八代藩主）＝慶長七（一六〇二）年、

鹿児島に鶴丸城を築く。本城は「人をもって城となす」という精神から天守閣を持たない屋形造りで、藩内に一〇二の外城を置き、藩全体を一つの城と見立てた。寛永元（一六二四）年、幕府への忠誠の証しとして夫人や子女を江戸在府とし、これが諸侯の参勤交代の制度化につながる。

海外貿易を積極的に図り、明国・カンボジア・ルソン・ポルトガル・英国・オランダなどの船が来航した。

▼**島津光久**（十九代藩主）＝金山開発や農政振興に取り組むとともに、鹿児島港の整備や城下町の開発を進めた。万治三（一六六〇）年、鹿児島郊外の磯に別邸仙巌園（国の名勝）を建てた。

▼**島津吉貴**（二十一代藩主）＝藩主に就いた翌宝永二（一七〇五）年、山川の前田利右衛門が琉球から甘藷を持ち帰って栽培。以後、藩の主要作物になる。「薩摩芋」の名称で全国に普及した。元文元（一七三六）年には琉球から中国江南地方の孟宗竹二株を取り寄せ、磯の仙巌園に植えた。孟宗竹は用材や食品として利用度が高く、県の特産品になる。

▼**島津重年**（二十四代藩主）＝宝暦三（一七五三）年、幕府から濃尾平野を流れる木曽・揖斐・長良三大河川の治水工事を命じられる。「御手伝普請」である。藩は家老の平田靭

負を総奉行に約千人を派遣し、大きな犠牲を払って完成させた。重年は参勤交代で江戸に上る途中、工事現場を見回って藩士の労をねぎらったが、竣工後に自刃したとされる平田靱負の死後一カ月して、江戸の芝藩邸で亡くなった。重年の心労も重く、二十七年の生涯だった。

▼島津重豪（二十五代藩主）＝才知に優れ、進取の気性に富んだ藩主として知られる。安永二（一七七三）年、藩校造士館や演武館を建てて文武を奨励し、医学館を建てて医師の養成と医療の研究に当たらせた。同八年には天体観測や暦学研究を行う明時館（天文館）を建設。また造士館の教授に島津藩の正史『島津国史（三十二巻）』を編纂させるなど、優れた学術書を残している。重豪の時代は天変地異が多く、大飢饉、台風、虫害、悪疫流行などが重なり、藩財政を圧迫した。

▼島津斉宣（二十六代藩主）＝重豪の長男。極度に逼迫《ひっぱく》した藩財政を立て直すため、倹約を徹底し、新田開発を進め、農業の増産を図るなどの一大改革を打ち出した。人事も一新し、重豪時代に設けた諸機構の廃止統合や人員整理を敢行する。しかし重豪の激怒を買い、抵抗したものの、かなわず断念した。改革の意図は中途で挫折し、責任を負った斉宣は文化六（一八〇九）年、長男斉興に藩主を譲って隠居した。

▼**島津斉興**（二十七代藩主）＝斉興は若年で藩主を継いだため、当初は祖父の重豪が藩政を後見。茶道頭から抜擢された調所笑左衛門が財政改革を進め、冗費を節約するとともに、鶴丸城・磯別邸・造士館・社寺・道路・港湾・河川などを修築、整備した。肥後の石工岩永三五郎に甲突川の五石橋を造らせたのもこの時代。海運事業でも自国船を活用して運送費を軽減した。軍制改革で斉興は洋式軍備を採用。文化事業では藩内の名勝旧跡・社寺・特産物などを網羅した『三国名勝図会（六十巻）』を編纂する功績を残した。

だが後継者問題を巡り藩内が紛糾。五十人を超える処分者を出す大事件に発展している。斉興は嘉永三（一八五〇）年、隠退した。

▼**島津斉彬**（二十八代藩主）＝斉興の長男。聡明で知られ、藩内外から人望を集めた。欧米列強がアジア各地で植民地化を進めていた時代。富国強兵・殖産興業を図って国力を向上させることを藩政の基本とし、製鉄・造船・紡績に力を注いだ。近代洋式工場群の「集成館」事業では、銃砲製造のための反射炉とともに、日本初となる溶鉱炉も建設。弾丸や火薬類のほか、農具・刀剣・ガラス・薩摩切子・薩摩焼・紙・諸機械・薬品類・氷砂糖などさまざまなものを作った。安政元（一八五四）年には洋式軍艦「昇平丸」を建造し、翌二年に幕府に献上。その際、「日の丸」の旗を掲げたことから、これが国旗の起源になる。

島津斉彬公の像

斉彬は有能な人材を積極的に抜擢した。その中から西郷隆盛・大久保利通・五代友厚など、後の明治維新の原動力になった多くの藩士が育っている。安政五年、病のため惜しまれながら五十歳で亡くなった。

▼島津久光（二十九代忠義の実父）＝斉彬の遺言で藩主を継いだ忠義を補佐して藩政に当たり、「国父」と称えられた。幕政改革推進のため江戸に上り、その帰途、武州生麦（現在の横浜市鶴見区）で発生したのが「生麦事件」。久光の行列を馬で横切った数人の英国人を藩士が殺傷し、その処理を巡って薩英戦争が起きた。この戦争で英国の武力の強大さを知った薩摩藩は、以後留学生を英国に派遣するなど交流を深め、西欧文明をとり入れることに努めている。

久光の時代、日本の歴史は薩長同盟、大政奉還、江戸城無血開城、版籍奉還と大きく動いた。久光は急激な変革を望まなかったが、意に反して明治四（一八七一）年に廃藩置県が断行され、七百年にわたった島津氏の南九州統治も終焉《しゅうえん》を遂げた。同十年の西南戦争の際、久光は中立の立場をとり、一時桜島に難を避けている。二十年に七十一歳で逝去。明治維新の功績で国葬が営まれた。

▼**島津忠義**（二十九代藩主）＝久光の長男。安政五（一八五八）年に藩主に就く。明治二（一八六九）年に版籍奉還。明治政府から藩知事に任命される。同四年の廃藩置県で藩知事を辞す。鹿児島で金山開発、水力発電、新田開墾、植林などの事業を興した。二十三年に貴族院議員。三十年、五十八歳で逝去。父久光と同様、国葬が営まれた。

『故郷忘じがたく候』を読んで

島津家の第十七代当主義弘は、豊臣秀吉の朝鮮出兵で出陣した慶長の役（慶長二～三年）の際、帰国に当たり李朝の陶工約八十人を日本に連れ帰りました。このうち四十余人が串木野の浜に着いています。彼らはそこで農業をするとか、窯場を作って甕などを焼いていたようです。船に載せていた白磁土を使い、白磁の器を製作することもあったということですが、救いの手を差し伸べる者はなく、厳しい自活生活だったでしょう。

やがて慶長八（一六〇三）年、陶工たちは串木野から伊集院郷苗代川（現在の日置市東市来町美山）に移住し、窯を開きます。秀吉の死去に伴う中央政権の争奪戦も落ち着いたころ

陶磁器ファンが楽しみにする「美山窯元祭り」

です。義弘はかつて朝鮮から連れ帰った陶工たちに思いを致すことができるようになり、家屋敷や扶持《ふち》（給与）を与えて保護しました。陶器や磁器の技術を薩摩が持っていなかった時代の話です。殖産興業に力を注いだ義弘のこうした保護策によって、現在の薩摩焼興隆の基礎が築かれていきます。

「島津家は陶工たちを優遇し、士分に取り立て、その芸術的所産には、薩摩の国名を冠し薩摩焼と呼んだ。爾来明治維新までの二百数十年間、島津家の庇護を受けながら、陶技を磨きつづけ、苗代川の技術的裾野は広がっていった」

（「沈壽官家の由来」より）

作家司馬遼太郎は、秀吉の朝鮮出兵に始まるこの人たちの物語を『故郷忘じがたく候』と題した小説にしています。

——当時、日本の貴族、武将、富商のあいだで茶道が隆盛している。茶器はとくに渡来物が珍重され、たとえば韓人が日常の飯盛茶碗にしている程度のものが日本に入り、利休などの茶頭の折り紙がつくことによって千金の価をよび、この国にきた南蛮人たちまでが、

「ちょうどヨーロッパにおける宝石のような扱いをうけている」と驚嘆するまでになっている。ときに茶器は武功の恩賞としてあたえられた。一国に相当する茶器まであらわれた——

小説が語るこの世界にいた島津義弘は千利休によって茶の湯の奥義を窮めていました。だから茶器の価値はよく分かっていたし、進物などにも使う茶器は大変貴重でした。「島津勢は、そういう時代の流行のなかで朝鮮に討ち入っている。宝の山に入ったような思いであったであろう」と司馬遼太郎が書いているのは、そういうことです。

淡交社刊『日本のやきもの』で筆を執っている吉田光邦氏は「李朝陶工の流れは薩摩のみに限らない。九州の諸窯、また長州の窯はどれも同じ伝統の上に立っている」と言います。いずれの窯も秀吉の朝鮮出兵にさかのぼる物語と歴史があります。

例えば佐賀（肥前）の有田焼です。佐賀藩の鍋島直茂が朝鮮から連れ帰った陶工集団のリーダーが元和二（一六一六）年、有田町の泉山で磁器の原料になる磁石の鉱脈を発見し、磁器を焼き始めました。これにより有田は「日本の磁器発祥の地」になります。その後の有田は鍋島藩の保護政策や初代酒井田柿右衛門による赤絵付けの成功などもあり、日本の磁器のメッカとして全国注視の産地になりました。

なにより注目されたのはオランダ東インド会社（略称VOC）の貿易船によるヨーロッパへの輸出です。十七世紀から十八世紀にかけてヨーロッパでは東洋趣味が盛んになり、アジア美術品の収集熱が宮廷などで高まりました。当時、VOCは中国磁器をヨーロッパに運んでいましたが、中国で王朝が交代する内乱が起き、磁器の入手が難しくなります。そこで代替品として求めたのが有田を中心に生産を始めていた肥前磁器で、これが「伊万里焼」の呼称で海を渡りました。

鍋島家は陶工たちを保護し、将軍家などへの献上品や大名への贈答用にする陶磁器を御用窯で焼かせました。

大名たちが陶工を連れて帰った第一の目的は茶器の製作だったでしょう。そして現代です——。先の『日本のやきもの』には第十四代沈壽官さんの次の一文があります。

「鹿児島は〝ショウチュウ王国〟といわれる。喜びにつけ悲しみにつけ、人々は〝ショウチュウ〟にその気持を托す。それだけに酒器に対する愛着というものは、他県の人々にはちょっと見当もつかないほど深いものがある。こうした県民感情から生まれたのが〝チョカ〟〝カラカラ〟で、それは薩摩の民器のもっとも代表的なものとまでいわれている」

焼き物がみんなのものになりました。

旧庄内藩士の手になる西郷遺訓

歴史上の人物というと、江戸城無血開城を成し遂げるなど維新に貢献し、西南戦争で波乱の生涯を閉じた西郷隆盛翁を思い浮かべます。翁が後世に残した言葉は「西郷翁遺訓」として多くの人に読まれています。次は南洲神社発行の『西郷南洲先生遺芳』（遺訓口語訳）にある言葉です。（原文）

「政府にあって国のまつりごとをするということは、天地自然の道を行うことであるから、たとえわずかであっても私心をさしはさんではならない。だからどんなことがあっても心を公平に堅く持ち、正しい道を踏み、広く賢明な人を選んで、その職務に忠実にたえることのできる人に政権をとらせることこそ天意すなわち神の心にかなうものである。だからほんとうに賢明で適任だと認める人がいたら、すぐにでも自分の職をゆずるくらいでなくてはいけない」

「賢人やたくさんの役人たちをひとつにまとめ、政権が一つの方針にすすみ、国がらが一つの体制にまとまらなければ、たとえりっぱな人を用い、上に対する進言の路を開いてやり、多くの人の考えをとり入れるにしても、どれを取り、どれを捨てるかにつき一定の方針がなく、あらゆる仕事はばらばらでとても成功どころではない。昨日出された政府の命令が今日は早くも変更になるというようなのも皆、統一するところが一つでなく政治の方針がきまっていないからである」

「国の会計出納（金の出し入れ）の仕事はすべての制度の基本であって、あらゆる事業はこれによって成り立ち、国を治める上でもっともかなめになることであるから、慎重にしなければばならない。その大よその方法を申し述べるならば、収入をはかって支出をおさえるという以外に手段はない。一年の収入をもってすべての事業の制限を定めるものであって、会計を管理する者が、一身をかけて定まりを守り、定められた予算を超過させてはならない。そうでなくして時の勢いにまかせ、制限を緩慢にし、支出を優先して考え、それにあわせて収入をはかるようなことをすれば、結局国民に重税を課するほか方法はなくなるであろう。もしそうなれば、たとえ事業は一時的に進むように見えても国力が衰え傾いて、ついには救い難いことになるであろう」

「どんなに制度や方法を議論してもそれを説く人がりっぱな人でなければ、うまく行われないだろう。りっぱな人があってはじめて色々な方法は行われるものだから、人こそ第一の宝であって、自分がそういうりっぱな人物になるよう心掛けるのが何より大事なことである」

「自分を愛すること、即ち自分さえよければ人はどうでもいいというような心はもっともよくないことである。修業のできないのも、事業の成功しないのも過ちを改めることのできないのも自分の功績を誇りたかぶるのも皆、自分を愛することから生ずることで、決してそういう利己的なことをしてはならない」

「道を行う者はどうしても困難な苦しいことに会うものだから、どんなむずかしい場面に立っても、その事が成功するか失敗するかということや、自分が生きるか死ぬかというようなことに少しもこだわってはならない。事をなすには上手下手があり、物によってはよくできる人やよくできない人もあるので、自然と道を行うことに疑いを持って動揺する人もあろうが、人は道を行わねばならぬものだから、道をふむという点では上手下手もなく、できない人もない。だから一生懸命道を行い道を楽しみ、もし困難なことにあってこれ

観光客が必ず訪れる
「西郷隆盛銅像」

を乗り切ろうと思うならば、いよいよ道を行い道を楽しむような境地にならなければならぬ。自分は若い時代から困難という困難にあうて来たので今はどんな事に出会っても心が動揺するようなことはないだろう。それだけは実にしあわせだ」

冊子になった『遺芳』には和歌も掲載され、その中に「憂きことの稀にしあればくるしきを常と思へば楽しかりけり」の句が含まれています。大変な苦難の人生だったのです。

編者の解説によると、「遺訓」は西郷と深い交わりのあった旧庄内藩（山形県）の藩士たちが手記していたものを集め、明治の半ばに庄内で出版されました。どういうことかというと、維新前夜の戊辰戦争で徳川譜代の親藩だった庄内藩が官軍に降伏した際、西郷が見せた寛大な終戦処理に藩士たちが感動し、その人徳に心服して親交が生まれたというのです。六人の藩士が「遺訓」の冊子を携えて全国を行脚し、有志に配って歩いた話が残ります。

「あるいは人倫を説き、あるいは学問の進むべき道を示し、あるいは政治のあるべき姿を明快率直に教えている。翁の言葉は今なお脈々と生きていて、われわれの処生の道に大きな示唆を与えている」（『遺芳』編者）

後世の人たちは西郷遺訓をそのように読んでいます。

大陸文化の上陸の地だった坊津

歴史に名を残す地に坊津の町があります。薩摩半島の西南端に位置し、リアス式の海岸沿いに坊・泊・久志・秋目の四集落が連なる土地です。近隣市町と合併して現在は南さつま市坊津町。今は人影もまばらな漁村のたたずまいを見せていますが、七世紀から九世紀にかけては大陸（唐）と日本を結ぶ遣唐使船のルートとして「入唐道（唐に入る道）」の別名を持つ重要な港町でした。

遣唐使は舒明二（六三〇）年に犬上御田鍬《いぬかみのみたすき》（大和朝廷の外交官）を大使として第一次が派遣され、寛平六（八九四）年まで二十回計画されました。遣唐使船の乗組員は遣唐大使をはじめ副使・医師・通訳・陰陽師・水夫・絵師などのほか、留学生・留学僧・貿易商人などが同乗しています。初期の遣唐使船は一団二隻の体制で、一隻の乗組員は一二〇人ほどだったようです。後半になると隻数・人員とも増えて四隻運航になり、四〇〇〜五〇〇人が分譲して出発していきました。

造船技術や航海術が未熟な時代でしたから、荒れる東シナ海を横断するのは大変な危険

遣唐使船が船出した坊津の海

を伴いました。事実、八回の遭難記録があります。増隻・増員をしたのは「一隻でも中国に着いてほしい」という思いからだったでしょう。遭難覚悟の船出だったわけで、出発日をそれぞれずらす配慮をしています。

天平勝宝五（七五三）年十二月に坊津の秋目浦に入った遣唐使船には、唐の高僧鑑真と随行の一行が乗っていました。仏教に深く帰依する聖武天皇の招きを受けていた鑑真は、日本に渡ろうとして難破などで五度の失敗を重ね、病で失明しながら、十二年の歳月をかけてようやく上陸を達成できたのです。六十六歳になっていました。

井上靖の小説『天平の甍《いらか》』は、この鑑真来日に至る経緯をテーマにしたものです。遣唐使船で唐に渡った留学僧の栄叡と普照が、正式な戒律や仏法を日本に伝道してもらいたいと鑑真に懇願したくだりを、小説は次のように描いています。

「栄叡は、仏法東流して日本に来たが、単に法が弘布《ぐぶ》しているばかりで、未だに律戒の人がない、適当な伝戒の師の推薦を賜りたいと言った。栄叡はまた聖徳太子のことを話し、太子が二百年後に聖教大いに興るという予言をしたが、その気運が今や起ろうとしていることを伝えた。それからまた現在日本には舎人皇子があって、皇子がいかに仏法を信奉し、伝戒の師僧を求めるに熱心であるかをも語った」

要請を受け入れ、苦難の道のりを経て秋目浦に第一歩をしるした鑑真は、奈良の平城京に向かう途中、大宰府に寄り、観世音寺を訪ねました。ここで初めて授戒（仏門に入る人に守るべき戒律を授ける儀式）を行います。翌春、平城京に入った鑑真の活動については、かごしま文庫『坊津　遣唐使の町から』（森高木著）が「四月のはじめ、東大寺の大仏殿の前に戒壇を築き、聖武太上天皇は、鑑真を和上として、菩薩戒を受けられ、光明皇太后、孝謙天皇も続いて戒を受けられた。そして、四百三十人が受戒した」と書いています。

鑑真和上は天平宝字三（七五九）年に唐招提寺を創建し、仏教史に偉大な足跡を残して同七年に七十六歳で亡くなりました。生誕一千年に当たる元禄元（一六八八）年五月、唐招提寺に参詣して和上像を拝した松尾芭蕉は「若葉して　おん目の雫《しずく》　拭はばや（拭ってさしあげたい）」の句を残しました。井上靖の小説の題名になった「天平の甍」は金堂（国宝）の大屋根に置かれた飾り（鴟尾《しび》）のことです。

遣唐使船が出入りした坊津の海を見下ろす丘には鑑真記念館ができており、訪れると、

坊津の丘の鑑真大和上像

はるか遠い昔を思い浮かべて、眼下の浜に降り立った和上をしのぶ思いになります。
寛平六年まで続いた遣唐使船の派遣は、延喜七（九〇七）年に唐が滅んだことで消滅した形になりました。以降、自由な海外貿易はできなくなりますが、私貿易を営む海商や、朝鮮・中国の沿岸を荒らした「倭寇」と呼ばれる集団の根拠地となるなど、無比の良港であった坊津の繁栄は続きます。蔵を連ねる家並みや、多くの船が出入りする風景を詠んだ「坊津千軒甍のまちも出船千艘の帆にかくる」という歌がそれを物語ります。
「坊津諸港のにぎわいは、鎖国令がしかれ、自由な海外貿易が禁止された寛永以降もいぜんとして続いた。それは自由貿易時代から秘密貿易時代への移行ではあったが、幕府の禁令の網の目をくぐって行われた抜荷《ぬけに》（密貿易）の領内最大のルートとして、ここ坊津諸港はその貿易港としての伝統を失うことなくにぎわいが続くのである」（『坊津町郷土誌』）
しかしやがて、そんな状況にも終わりが来ます。きっかけは十八世紀初め、大阪で起きた「唐物くずれ」と呼ばれる大規模な抜荷事件の発覚でした。事件を受け、徳川幕府は全国にはびこっていた密貿易を厳しく取り締まるようになります。坊津に七十隻もいた商船もことごとく姿をくらまし、ここに貿易港として栄えた時代は幕を下ろしました。

貿易と仏教文化が融合した歴史

「西海最古の名刹《めいさつ》」と言われた勅願寺一乗院の盛衰も坊津の歴史そのものです。「坊」は仏教、「津」は港町を表し、これが地名の由来と解釈されますが、『坊津町郷土誌』は「坊津の歴史は、まず一乗院に始まり、そして一乗院の歴史とともに終始する。一乗院あっての坊津である。坊津にはさまざまの日中の文化人の往来もしげく、したがって大陸の文物の上陸が行われたことは云うまでもない。このような環境が坊津と一乗院の稀有の繁盛をうながした」と、その強い結びつきを述べています。

「坊津は古来、日本三津の一つと称せられ、わが国の要港として重んぜられ、栄えてきました。坊津の先人たちは勇敢に海を越え、国際貿易の先端をにない、ともに仏教文化を導入する役割りを果たし、日本の経済文化興隆の上に大きな業績を残しました。坊津の歴史は、海外貿易と、仏教文化が融合し、中核となって生きつづけてきた、といっていいでしょう」

これは明治百年を記念して編纂企画された『坊津町郷土誌』の序文（当時の長井正維町長筆）にある言葉です。

一乗院が創建されたのは西暦五八三年といわれます。建立したのは日羅という百済の僧で、仏教を広めようと日本に来て、足をとどめたのがまず坊津だったそうです。やがて坊津が中国大陸貿易の拠点になったことで一乗院の存在も重みを加え、さらに鳥羽上皇と後奈良天皇の勅願所になり、格式の高い寺院として島津家の手厚い保護を受けました。

このようにして一千余年の栄枯盛衰を経る中で、坊津住民の精神生活のよりどころになっていた一乗院ですが、明治初年、日本を神の国と捉える神国思想と、維新政府の神仏分離令の影響を受けた廃仏毀釈により廃寺になります。

「明治二年、薩摩藩がいっせいに、寺という寺を全部こわした。その寺の数は千六百十六寺におよび、僧侶二千九百六十六人は失職。寺領は没収され、仏像・宝物・仏具・経本などの文化財一切は散逸した。最後まで残った六大寺もついに取りこわし、格式の高い勅願寺である一乗院は、まず大丈夫と見られたが、その願いも空しく廃仏の運命の波に呑みこまれてしまった」（かごしま文庫『坊津』）

一乗院の仁王石像二体も道路脇に打ち捨てられた。村人たちが「もったいない」と担ぎ上げ、跡地に据え直したという。『坊津』の著者は「〃一乗院あっての坊津〃といわれただけに、大きな穴があいたような虚無感だけが残った」と住民の思いを代弁しています。

そんな歴史を持つ坊津は現代の人々の心をも引き付けるのでしょう。数々の小説や紀行の舞台として登場します。橘南谿の『西遊記』、水上勉の『坊の岬物語』、五代夏夫の『坊津の海』、海音寺潮五郎の『美女と鷹』、獅子文六の『坊津』、司馬遼太郎の『薩摩坊津まで』等々です。

太平洋戦争末期に海軍の通信兵として坊津の基地にいた梅崎春生は、小説『桜島』で戦後文壇にデビューしますが、遺作になった『幻化』は坊津を舞台にした物語です。作中、主人公の男が二十年ぶりに訪ねた坊津で、たまたま言葉を交わした地元の女と次のやり取りをするシーンがあります。──

「谷崎潤一郎の『台所太平記』を読んだことがある？」

「いや」

「あそこに出て来る女中さんたちは、みんな泊の出身なのよ」

「ほう。女中さんの産地なのか？」

「あたしも行ったわ。学校を卒業して、すぐ東京へ」

――別の作家の作品を取り込んで話を展開するという、面白い場面です。

「むかしから、坊津を訪れた文人墨客や知名士は多い。これらの人々は、坊津の歴史を偲び、かつての繁栄を思いながら町を歩き史跡を訪ねた。あるいはまた、風光明媚な自然美を見つめて、ゆたかな感受性によって想を練り、詩に歌に、そして文章にした」（かごしま文庫『坊津』）

――坊津には文学を生む風土がある、というのです。

九十年の旅路を歩いて平和を願う

私は令和五（二〇二三）年十月一日に満九十歳を迎えました。考えてみれば大変な年齢ですよね。昔は「人生五十年」と言ってましたからね。それが今や「百年時代」というわけです。仕事ができたから、ありがたいと思っていますが、体はガタがきますよ。

家族の歩んだ道を振り返ると、父が急性肺炎で亡くなったのは昭和十九年です。そのころ肺炎の特効薬はなく、命取りの病でした。四十二歳でしたから、若かったですよね。戦後数年して、細菌感染症の治療薬になる抗生物質のストレプトマイシンが発見されました。それが手に入るまで生きていたらなぁと思うことがあります。私は下戸《げこ》ですが、父と父の弟たちは一升瓶を据えて飲む「大酒飲み」でした。

私が四十二歳になったのは鹿児島銀行の融資課長時代です。父の年齢を越えられるだろうかと思っていたので、その年になって「おやじをとうとう越したか」と思いました。母は七十三歳で亡くなりました。私がその年になったのは、さつま無双の社長になるかどうかのころで、そのときも「おふくろの年を越したか」という感慨がありました。

母の人生を思います。父が亡くなり、母は四人の子を連れて郷里の桜島に帰りましたが、とにかく朝から晩まで働きずくめでした。まだ三十代だった母が上半身裸で肥料桶を担いだりして、走り回っていましたよ。桜島は坂道ばかりだから、きつかったでしょう。よく病気にならなかったものです。子どもが病気のときは、五歳とか六歳だった子をおんぶして隣町の湯之の病院まで連れて行っておりました。一事が万事、なんでも自分ひとりでしないといけないわけだから、大変だったと思います。

戦争が終わっても、桜島の農家は食べるだけで精いっぱいでした。父の一番下の妹が古里でホテルをやっていたので、母と私でお金を借りに行ったことがあります。父の恩給はありましたが、とにかくそうやって生活を切り抜けていました。「戦争そのものは終わったけれども、飢餓と貧困との戦いは、この終戦を機にそれまでの何倍もきびしいものになった」と『桜島町郷土誌』が書いていますけど、それが桜島の実情でした。

苦労しましたが、母の晩年は穏やかでした。子どもたちがそれぞれ職に就いて働いていたので安心していたと思います。

私は銀行の同僚だった冴子と結婚しました。新婚旅行はまだ流行っていたわけではないけど、それなりにあったので、熊本と福岡に二泊三日で行きました。給料がまだ安かったですからね。一日目は熊本の日奈久温泉に泊まり、翌日は子どものころの記憶がある太宰府を訪ね、その晩は福岡の冴子の姉の家に泊まっています。その程度の新婚旅行でした。

冴子の父は甲南高校の化学の先生で、学校の職員寮に家族で住んでいた時期があったと聞いています。酒が好きで、味噌をつまみに飲んでいたようですが、饅頭もつまみに食べるという、珍しい人でした。

冴子は四姉妹の三番目です。姉妹四人はみんな成績が良く、上の三人は鶴丸高校、末妹の綾子さんは甲南高校を出ています。手元に冴子の小学校時代の通知表が残っていますが、八幡尋常高等小学校（昭和十五年度第一学年）の成績は全て「甲」、八幡国民学校初等科（昭和十六〜二十年度）の成績も全教科「優」です。綾子さんによると、子どものころ冴子はピアノが好きで、音楽の道に進みたいという希望を持っていたそうです。しかし進学費用の関係から断念し、銀行に就職したということでした。

通知表には「研究心頗《すこぶ》ル旺盛ニシテ全力ヲ傾注シ態度モ真面目ナリ」「理解、記憶力ニ秀ヅ。発表積極的ニシテ、シカモ正確。文字美シク、スベテ優秀ナリ」「全科秀抜、申シ分ナシ」といった受持教師の評価が書かれています。少女のころから古典文学が好きで、とくに紫式部の『源氏物語』については、鶴丸高校時代の同級生たちとの勉強会を亡くなるまで続けていました。

頭の良さは銀行での仕事ぶりにも見られました。そんな彼女を私は見ていたので、結婚相手に関しては、高校時代に担任の先生が「自分の成績にあまり自信のない男は、子どものことを考えて、嫁さんは頭の良いひとをもらえよ」と言われていたこともあり、結婚を望む決め手になったように思います。

長く連れ添った冴子が亡くなったのは令和元年一月四日でした。病院で眠るように逝きました。入院中、私は仕事帰りに毎日寄って話す時間を持ちました。「キビナゴが欲しい」

家族と（令和5年12月）

麗之が受賞した「稲盛学生賞」の切子高杯

「カルカン饅頭が食べたい」などと言いますから買って来るんですが、饅頭は自分では食べず、お世話の人に配っていたようです。楽しみは大好きだった孫の麗之からの電話で、かかってくると大層喜んでいました。うれしそうに話していた姿が今も目に浮かびます。

子どもは息子ふたりで、長男が貴之、次男が雅志です。貴之は鶴丸高校から横浜国立大学に進み、高校の数学の教師になりました。私の自分史として『旅路』の発刊を思い立ってくれたのは貴之の妻の弥生さんです。貴之と弥生さんの子が麗之です。雅志は甲南高校から鹿児島大学に進んで電子工学を学び、道路公団に入りました。今もそれに関連した世界で働いています。貴之と雅志の大学進学に関しては「学費のこともあるから国公立に入ってもらいたい」と言っていたので、ふたりとも国立に進んでくれてよかったです。

麗之も鹿児島大学の工学部（機械工学科）と大学院を終えて社会に出ました。学部四年のときは「稲盛学生賞」をいただいています。この賞は京セラ創業者の稲盛和夫氏（鹿児島大学名誉博士）の寄付で設けられたもので、「成績優秀、品行方正」が賞の趣旨だそうですから、麗之はうれしかったと思います。今は富士電機でプラント（工場）向けの制御システム設計部門の研究職として働いています。

私は仕事やプライベートで国内外の各地を旅しました。海外に行った社員旅行も楽しかったし、それぞれの旅にいろいろな思い出があります。プライベートのときは旅行好きの雅志が一緒に行ってくれることもありました。

もう一度機会があるならどこに行きたいかと問われたら「カナダ」と言うでしょうね。プライベートではありませんでしたが、ナイアガラの滝があるオンタリオ州のナイアガラフォールズという町を訪ねたことがあります。スケールの大きな自然が感動的でした。新婚旅行で滝見物に訪れる人が多いことから「ハネムーン・シティー」と呼ばれます。訪ねたのは五月の連休でしたけど、向こうも一番のシーズンで、日本人旅行客もたくさん来ていました。

ナイアガラフォールズの名物はイセエビに似たロブスターです。大きなロブスターを食

資料を整理する穏やかな日々

べさせるレストランがズラッと並んでいて、長い行列ができていました。観光バスの案内人が「ここは気長に待たないといけません」と言われましたが、日本人はせっかちだから待つのは苦手ですよね。でも辛抱強く待って、食べました。おいしかった思い出です。

私の「九十年」を顧みるとき、やはり戦争とは切っても切り離せません。印象が強すぎます。戦争だけは絶対にいけない。私の親族から太平洋戦争に行った者はいませんでした。職業が警察官だったり、あるいは年齢が徴兵の対象外だったり、ということだったようです。しかし、思い浮かぶのは仏壇の前で読経を欠かさなかった父の姿です。先祖の霊を慰める思いとともに、戦争犠牲者への弔いの念があったことは間違いありません。私も戦争の時代を生きた父母を思い、両親から受け継いだ年月に思いを寄せながら、朝の読経を欠かさない日々を送っています。

さて、今の世界はどうでしょう。方々で争いが絶えず、巻き込まれる人々の悲しみの連鎖に心が痛みます。日本はどうでしょう。政治家の発言など聞いていると、ジワッと右の方へ向かっているように思います。どうか、これからも平和であることを願います。

❖年　譜

和暦（西暦）	出　来　事
昭和8（1933）年	10月1日、父重之、母フクエの長男として福岡市に生まれる
〃 15（1940）年	福岡市警固尋常小学校に入学
〃 16（1941）年	福岡市警固尋常小学校から国民学校へ改組。太平洋戦争開戦（12月8日）。日本軍が真珠湾攻撃
〃 19（1944）年	父重之死亡（12月19日）
〃 20（1945）年	父母の郷里、鹿児島県東桜島村古里へ帰郷。改新国民学校（5年）に編入。太平洋戦争が終結（8月15日）
〃 21（1946）年	改新国民学校を卒業。鹿児島商業学校に入学
〃 24（1949）年	新中学、高校制度へ改革により鹿児島商業高等学校となる
〃 27（1952）年	鹿児島商業高校を卒業。鹿児島興業銀行に入行。上町支店に初勤務。行名が鹿児島銀行に変わる
〃 31（1956）年	本店出納課
〃 35（1960）年	本店預金課
〃 37（1962）年	本店為替課
〃 38（1963）年	本店融資課

〃40（1965）年	熊本支店店内代理
〃44（1969）年	営業本部審査部調査役
〃51（1976）年	本店営業部融資課長
〃56（1981）年	営業本部融資部次長
〃60（1985）年	営業本部審査部長
〃63（1988）年	営業本部法人部長
平成元（1989）年	取締役営業本部営業統括部長
〃3（1991）年	取締役退任。鹿児島共同倉庫代表取締役社長就任。鹿児島ビル不動産監査役就任。鹿児島カード監査役就任。鹿児島リース監査役就任
〃8（1996）年	鹿児島県倉庫事業協同組合理事長就任
〃10（1998）年	鹿児島銀行監査役就任
〃12（2000）年	鹿児島共同倉庫代表取締役社長退任。鹿児島県倉庫事業協同組合理事長退任。鹿児島ビル不動産監査役退任。鹿児島カード監査役退任。鹿児島リース監査役退任
〃16（2004）年	鹿児島銀行監査役退任。さつま無双代表取締役副社長就任
〃17（2005）年	さつま無双代表取締役社長就任
〃18（2006）年	三和酒造代表取締役社長就任
〃19（2007）年	鹿児島県酒造組合理事就任
〃20（2008）年	無双蔵代表取締役社長就任

〃21（２００９）年	鹿児島県酒造組合鹿児島支部長就任
〃22（２０１０）年	日本酒造組合中央会監事就任
〃23（２０１１）年	さつま座取締役会長就任。さつま無双代表取締役社長退任。同会長就任
〃24（２０１２）年	相良酒造取締役会長就任。三和酒造代表取締役社長退任。同会長就任。日本酒造組合中央会監事退任
〃25（２０１３）年	九州本格焼酎協議会理事就任。城山観光株式会社監査役就任
〃26（２０１４）年	無双蔵代表取締役社長退任。同会長就任
〃27（２０１５）年	九州本格焼酎協議会理事退任。鹿児島県酒造協同組合理事就任
〃28（２０１６）年	城山観光株式会社監査役退任
〃29（２０１７）年	さつま無双代表取締役会長退任。鹿児島県酒造組合理事退任。同組合鹿児島支部長退任。鹿児島県酒造協同組合理事退任
令和5（２０２３）年	三和酒造代表取締役会長退任

役員職歴

鹿児島地区税務協力団体連絡協議会会長
鹿銀アグリクラスターファンド・ボード委員
鹿児島銀行旧友会理事副会長

❖主な参考文献・資料

『鹿児島銀行百年史』一九八〇年

『鹿児島銀行　一二〇年のあゆみ』二〇〇〇年

『鹿児島県史』全六巻・別冊二巻、一九三九～一九四四年

『桜島町郷土誌』一九八八年

『知覧町郷土誌』二〇〇二年

『坊津町郷土誌』上・下巻、一九六九・一九七二年

『笠沙町郷土誌』上・中・下巻、一九八六～一九九三年

経済企画庁編『経済白書』一九四七～一九九〇年

経済企画庁編『戦後日本経済の軌跡：経済企画庁50年史』一九九七年

土志田征一編『経済白書で読む戦後日本経済の歩み』有斐閣、二〇〇一年

大和総研編『時系列でみる景気・相場大事典』金融財政事情研究会、一九九二年

伊藤正直、佐藤政則、杉山和雄編著『戦後日本の地域金融――バンカーたちの挑戦』日本経済評論社、二〇一九年

原誠編著『矜持あるひとびと』金融財政事情研究会、二〇一一年

南日本新聞連載「あの時、私は／永田文治さん」

永野健二『バブル　日本迷走の原点』新潮社、二〇一九年

島津顕彰会編刊『島津歴代略記』一九八五年

鮫島志芽太『島津斉彬の全容』斯文堂、一九八五年

「島津日新公いろは歌集」南さつま市

斎藤之幸『西郷大久保稲盛和夫の源流　島津いろは歌』出版文化社、二〇〇〇年

『西郷南洲先生遺芳』（遺訓口語訳）南洲神社社務所

故伯爵山本海軍大将傳記編纂会編『伯爵山本権兵衛傳』上・下巻、原書房、一九六八年

小河扶希子編『平野二郎國臣』平野神社、二〇〇九年

松本清張『西郷札』新潮文庫・傑作短編集、一九六五年
橋村健一『桜島大噴火』かごしま文庫、春苑堂出版、一九九四年
梅崎春生『桜島・日の果て・幻化』講談社文芸文庫、一九八九年
林芙美子『放浪記』新潮文庫、一九七九年
村野守治『岩永三五郎と甲突五石橋』（私家版）一九八七年
山口祐造『石橋は生きている』葦書房、一九九二年
森高木『坊津　遣唐使の町から』かごしま文庫、春苑堂出版、一九九二年
谷崎潤一郎『台所太平記』中公文庫、一九七四年
井上靖『天平の甍』新潮文庫、一九六四年
熊本学園大学産業経営研究所編『アジアの焼酎、九州の焼酎』ミネルヴァ書房、二〇〇三年
都留康『お酒の経済学』中央公論新社、二〇二〇年
坂口謹一郎『古酒新酒』講談社、一九七四年
重田稔『焼酎手帖』蝸牛社、一九七八年
玉村豊男編『焼酎・東回り西回り』ＴａＫａＲａ酒生活文化研究所、一九九九年
谷真介『東海道中膝栗毛：21世紀によむ日本の古典』ポプラ社、二〇〇二年
『日本のやきもの』全十一巻、淡交社、一九七三年
司馬遼太郎『故郷忘じがたく候』文春文庫新装版、二〇〇四年
葉山薫『航跡』（私家版）二〇〇八年

あとがきに代えて

――『旅路』は、お父さまに贈る「ありがとう」のメッセージです

岩元弥生

家族の中の義父

私が岩元家の嫁となった頃、義父は鹿児島銀行の審査部長の職にありました。義母から「朝七時ぐらいには送り出して、帰りは十時ぐらいが多かったよ」と聞いていました。

お盆やお正月も、三日以上連続でゆっくり家にいるようになったのは後年のことだったと思います。仕事でとても忙しい義父でしたが、家ではいつもニコニコして、ワハハとよく笑い、いろいろ欠点の多い私ですが、小言さえ言われたことがありません。

長男夫婦の私たちは結婚当初から福岡に住んでおり、義母に電話して「お義父さんは?」と聞くと、「大蔵省に呼ばれて、今東京に行ってるよ」と何度か聞いたことが印象に残って

います。

また義母から「お義父さんから仕事の愚痴は一度も聞いたことがないんだよ」と、よく聞いていました。「大変なんじゃないの？」と義母が聞いても、「仕事だからまぁ、あっても当たり前だよ」と笑っていたそうです。私も義父が仕事の愚痴を言うのを聞いたことがありません。当時、責任の重圧の中での仕事は決して楽ではなかったのではなかろうか、と想像しますが。

孫麗之の誕生後は、義父、義母とも、その成長を何より楽しみにし、可愛がってくれました。

「よかたっが」

義父の印象深い口癖の一つに「よかたっが」があります。「それでいいんだ」というような意味の鹿児島弁です。人としての道理に外れること以外、義父は大抵「よかたっが」と言って、ワハハと笑います。そうすると、「ＯＫ!!　終わり!!」という感じになります。言い出したらキリがないような話も、不思議とこの一言で即決となるのです。

例えば、以前私が「マヤ暦を学んでみたい」と話していたら、何事にも慎重な夫は「何だ？？それは？？」と、けげんな顔でしたが、義父は「よかたっが。自分で働いたお小遣いで行くんだから、してみたいことは、勉強してみればいいんだが」ワハハ。それで即決OKとなったことがあります。こんな感じです。

「即断即決が大事」。これも義父からよく聞きます。義父の信条の一つだと思います。

「皆が良くないとね」

「三方良しの近江商人と言うよね（売り手に良し、買い手に良し、世間に良し）。そういうことだよ」

義父の話を聞いていると、渋沢栄一氏の「士魂商才」という言葉を思い出します。義父の母校は鹿児島商業高等学校です。その校章は、「日本人の魂」と「士魂商才」を表す桜の花弁の絵を背景にして、中央に「商」の文字を置いている、とのことです。（Wikipediaより）

渋沢氏を思い出すのは、鹿商時代の教えが義父の血肉となっているからでしょうか。「世間に良し」。今よく耳にする持続可能な社会にもつながる大事な考え方だと思います。

好物

鹿児島に帰省し、私が料理当番の時、「晩ご飯、何にしましょうか?」と聞くと、「何でもいいよ」とニコニコ。「……じゃあ、ロールキャベツがいいかなぁ……」と、だいたいリクエスト上位に上がります。

ロールキャベツは、義父の母の得意料理だったそうです。「どんなロールキャベツでしたか?」「う〜ん?」。義父には表現にしようがないことのようです。なので、「フクエおばあちゃんのロールキャベツ、どんな作り方だったのかなあ?」。作るたびにそう思いながら、カットトマトで煮込んだ私流のロールキャベツを作っています。思い出の味とは違うのかもしれませんが、義父はニコニコ「おいしいよ」と言いながら食べてくれます。

他には鹿児島の代表的畜産物となっている黒牛、黒豚等のお肉料理。中でも「豚骨《とんこつ》」はリクエスト上位に上がるものです。

「豚骨」とは、鹿児島の郷土料理の一つ。豚のスペアリブを焼いて芋焼酎で炒《い》りつけてから、大根やこんにゃく等と一緒に柔らかく煮たものです。その独特の風味を出すには、鹿児島の焼酎、味噌、黒砂糖が欠かせません。私は醤油も入れますので、なおさら鹿児島のものでないと思う味に作れません。一度福岡の味噌、醤油で作ってみたら、全く違う味になり、修正ができませんでした。

「豚骨」は、義父も敬愛する西郷さんの好物でもあったとか。薩摩藩の薫りがする料理のように思います。

他には根菜類の煮物。茶碗蒸しや卵焼き等の卵料理でしょうか。出した料理についてあれこれ聞いていると、「私は出された料理に文句は言いません」とのこと。食糧難の戦中戦後を生き抜いた義父ですから、「食べられるだけで幸せ」という思いがどこかに残っているのでしょうか。さらには作った家族への思いやりも加わった言葉と感じました。

義母を見送る

時が経ち、鹿児島大学に入学した麗之は義父のマンションに住まわせてもらっていました。孫と暮らした六年間は、義母にとってとても嬉しい時間だったようです。

麗之は就職で東京へ。義母はその後数年で居宅での介護は難しくなり、整った施設へ入所しました。当時義父は八十歳を越していましたが、さつま無双からの帰り道、前日に義母から聞いていた「食べたいもの」を買っては、毎日顔を見に施設に寄っていました。

「もうほとんど食べられない状態でね。食べたいというものを買っては行ってたけど、冷蔵庫にそのまま入ってたりしてたよ」。そう言いながらも、毎日何か買っては届けていました。その姿に夫は「まるで仏様みたいだ。自分にはできない！」と、実父のことながら感心していました。

施設に入所して三カ月ほどで病院に入院すると、義父はまた毎日お見舞いに寄って帰るようになりました。まだまだ仕事は忙しい義父でしたが、私も本当に感心していました。ほとんど動けないけど、最後までしっかり話ができた義母に「がんばらんか。こら」と、優しく義母のほっぺを揺らす義父。六十年間共に生きた義母に最後まで優しい義父でした。

義父の半生記を思い立つ

入院から数カ月で義母が亡くなると、義父が父親代わりだった弟と妹も相次いで亡くなりました。そのショックは大きく、その頃「長生きは良いことなのかねえ……。この先長生きしても、いいことはないかもねえ……」と、寂しそうに語りました。秋の日の夕暮れだったと思います。夕陽が差して、一層寂しい感じがしました。その時、私は義父の半生記を記録として残したいと思うようになりました。

さまざまな苦難を乗り越えつつ、いつも人に温かく、みんなが良くなるようにと明るく懸命に生きてきたことを、昭和、平成、令和の時代を映す記録の一ページとして残したい。そう思うようになりました。

当初、誰のために残したいのか？　自分の中ではっきりしませんでしたが、義父への敬意と感謝を表すとともに、記録として残すことで、読んでいただいたどなたに対しても、「やりたいことがあるなら、やってみればいいんだよ」と背中を押していた義父の温かい心を残せると思ったのです。「やりたいことが自分だけの利益の追求ではなく、他の人や、世の中のためにつながることだったらね」。ニッコリ笑ってそう言うと思うのです。必要とされるどなたかの背中を押せることがあれば、望外の喜びです。

最後になりましたが、執筆の労をお取りくださった島村史孝氏、編集を担当してくださった友人でもある花乱社の宇野道子さん、お世話になった沢山の皆様にも感謝申し上げます。出版を快諾してくれた夫貴之、賛同してくれた息子麗之にも感謝しています。

島村史孝（しまむら・ふみたか）
昭和45（1970）年、西日本新聞社入社。福岡、佐賀、長崎、熊本、大分、鹿児島、東京勤務。聞書きに、安川寛『道草人生』、井上萬二『名陶無雑』、蒲地昭三『有田我が人生』、阿蘇惟之『火の国水の国』、須藤靖明『火山とともに』、高橋佳孝『草原と私たち』がある。

JASRAC 出 2402238-401

旅《たび》 路《じ》 ［聞書《ききがき》］岩元則之物語《いわもとのりゆきものがたり》

2024（令和6）年7月7日　第1刷発行

著　者　島村史孝
発行者　別府大悟
発行所　合同会社花乱社
〒810-0001 福岡市中央区天神 5-5-8-5D
電話 092（781）7550　FAX 092（781）7555
http://www.karansha.com
印　刷　亜細亜印刷株式会社
製　本　株式会社渋谷文泉閣
［定価はカバーに表示］
ISBN978-4-910038-92-6